Hideo Nomo *Japanese MLB Pioneer*

NOMO
16

Hideo Nomo *Japanese MLB Pioneer*

Japanese MLB Pioneer **Hideo Nomo**

belle vue

人生風景・全球視野・獨到觀點・深度探索

Hideo Nomo

日本野球挑戰大聯盟的先驅者

Japanese MLB Pioneer

野茂英雄

一球入魂龍捲風

張尤金——著

CONTENTS

PART 4

與神同行的野球魂

PART 5

龍捲風與指叉球

CONTENTS

背負日本野球夢想而戰的男人

這是我的第三本書，傳主是野茂英雄，主題則是「夢想」。

我知道每個人都想問：為什麼是野茂英雄？

許多書迷、網友在我個人臉書及粉絲團留言，敲碗想看達比修有，這些許願我都收到了，誠摯感謝大家的支持與鼓勵。對我來說，野茂英雄的發想其實再簡單也不過：當你完成鈴木一朗、大谷翔平，野茂英雄這個名字自然就浮現了。

為什麼？

因為如果沒有野茂英雄在二十八年前抱持被日本球界永久放逐的覺悟，乘桴渡海挑戰大聯盟，終結日本職棒的鎖國時代，恐怕就不會有後來在大聯盟大放異彩的鈴木一朗與大谷翔平。

長久以來，美國球界對日本、乃至於亞洲棒球普遍存有居高臨下的倨傲心態。當王貞治在一九七〇年代成為「世界全壘打王」，美國人的反應是「他們穿和服打球嗎？」對美國球界來說，日本職棒不過是個「實力連三A都不如的次級聯盟」，過氣的大聯盟選手能在這裡撈到生

涯最後一張肥約，大聯盟明星隊則在休季期間來這裡邊度假邊打球還兼賺外快，僅此而已。

反之，日本球界又如何看待大聯盟？對日職選手來說，大聯盟是仰之彌高又遙不可及的棒球殿堂。就如吉井理人所言，過去日職選手是以「高中生崇拜職棒選手」的心情在看大聯盟比賽；即便不可一世如「朗神」也曾經說過，大聯盟與日職「就像大人與小孩的差別」。

野茂在大聯盟的成功，一百八十度地改變了一朗的野球觀；而野茂的勇氣，則激勵大谷立志成為下一個「先驅者」，也孕育出後來的「二刀流」。

雖然野茂謙稱「就算我沒去大聯盟，這個時代遲早都會到來」，但如果不是野茂催生「入札制度」，一朗不可能在二〇〇一年順利加盟水手隊；因為野茂，有愈來愈多日本學生棒球選手以大聯盟為目標，不再只是日本職棒，這當中就包括大谷翔平。

大谷在今年（二〇二三）三月的第五屆「世界棒球經典賽」（World Baseball Classic，WBC）穿十六號球衣，正是為了表彰偶像野茂英雄，而這個讓大谷封神的舞台，其實也和野茂有關。因為野茂證明了日職選手有能力在大聯盟立足，促使大聯盟球團重新評價亞洲國家的棒球實力，才有後來日韓台選手跨海挑戰大聯盟的浪潮，進而激發大聯盟官方舉辦以職棒選手為核心的國際賽事，也就是WBC。

二〇二一年八月日本一項網路民調，題目是「大聯盟歷代日本選手的人氣排名」。這份民調的主辦單位是「株式會社CM」，有效樣本數達一三七一九人，前三名（票數）如下：

第一位：大谷翔平（四四七三票）
第二位：鈴木一朗（三四七九票）
第三位：野茂英雄（九九七票）

第一名和第二名不意外，大谷翔平是現役大聯盟頭號球星，鈴木一朗則是金氏世界紀錄認證的「世界職棒安打王」。至於野茂英雄？黑田博樹這句話「如果沒有野茂英雄，我們誰都不可能來到美國」，一語道出野茂在日本野球的歷史定位，這也是為什麼退休已久的他，卻能在日本維持人氣不墜的主因。

試想十年、二十年、三十年後，我們會怎麼告訴後輩，我們曾歷經過什麼樣的棒球時代？一言以蔽之，我們正處在一個波瀾壯闊、棒球史上前所未有的「全球化」時代。而這一切的原點，正是野茂英雄。

最後要說的是，這本書的主題為什麼是「夢想」？

棒球迷對野茂英雄最深刻的印象不外乎「龍捲風」（招牌投球姿勢，也是綽號）、「先驅者」（歷史定位）、「指叉球」（三振必殺技）。但我認為，貫串他野球人生最重要的，其實是「夢想」二字。

童年時期的野茂曾在小學的畢業作文中，許下自己野球人生的目標：「甲子園登場」、「加入阪神虎」、「超越王貞治」。這三個目標最終沒有任何一項付諸實現，但他卻實現了一項更遠大的目標：成為「為日本人帶來夢想」的棒球選手。

「身為職業運動選手，你所能做到最棒的一件事，就是給觀眾一個夢想。我們做前人做不到的事，這就是夢想的偉大之處。」這是野茂英雄的格言金句中，最觸動我的一段話。野茂背負著日本野球的夢想而戰，進而開展了日職選手無限的可能性。

正如《洛杉磯時報》所言，「因為野茂，棒球變得不一樣了，不論在美國或日本都是如此。」期待讀者們都能從野茂英雄的人生故事，找到實現夢想的勇氣與感動。

PART 1

來自關西的野武士

野茂英雄在小學畢業前設定的人生目標：
「甲子園登場」、「加入阪神虎」、「超越王貞治」，沒有任何一項付諸實現。
但他最終卻實現了一個更遠大的目標：成為「為日本人帶來夢想」的棒球選手。

1 關西人的「雜草魂」——野茂英雄的誕生

「砰！砰！砰！」

大阪市港區一處工廠的高牆外，傳來沉悶的撞擊聲。

一個膀大腰圓的男孩，彎腰用手套拾起牆壁反彈回來的小白球，接著站直身體，右手伸進手套持球，雙臂高舉過頂，抬起左腿，帶動上半身緩慢而誇張地向後扭轉，略作停頓後轉身，使盡全身的力氣將球射出。

「如果你問我是從什麼時候開始的，老實說，我也不記得了。」

一九九七年接受NHK專訪的野茂英雄如是說。

這個極盡扭轉軀幹的投球動作，讓「野茂英雄」四個字與「龍捲風」劃上等號。至於這個稱號的由來則是在一九九〇年日本職棒開季前後，大阪近鐵猛牛隊為野茂獨特的投球姿勢公開徵求命名，短短兩個月就收到多達五九二七封來信。五月二十六日，「トルネード」（意即「龍捲風」）

「站上投手丘後，絕對不想被換下來！」

——野茂英雄

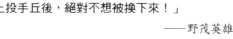

雀屏中選。

自此之後，「トルネード」、"Tornado"、「龍捲風」就成為野茂在太平洋兩岸日、美、台三地的代名詞。

關西人的「雜草魂」

一九六八年八月三十一日，也就是「大聯盟史上首位亞洲及日籍選手」村上雅則在大聯盟初登板的四年後，野茂英雄出生於大阪府大阪市港區。父親靜雄原本是奈留島（長崎縣西部五島列島中的一個島嶼）的漁夫，因為轉任郵差而搬到大阪，母親佳代子則曾經在超市打工。有此一說，由於靜雄非常喜歡演歌歌手村田英雄，因而將兒子也命名為「英雄」。

「他從小就是個話少內向的孩子，」母親佳代子受訪時回憶說，「我甚至不記得和他有過比較長的對話。」這個在家人眼中「寡言、被動」的男孩，唯一的熱情就是棒球。

受到父親的影響，野茂從小也是日本職棒阪神虎隊的球迷。在小學二年級時，靜雄買了一只新手套給兒子做為禮物，野茂又無意間在電視上看到讀賣巨人隊投手「怪物」江川卓投擲豪速球的魅力，這才讓他真正迷上了棒球。他加入當地少棒隊「池島火焰」（池島ファイヤーズ），成為球隊的王牌投手。

說到野茂從小出生長大的大阪市港區，自從一八六八年大阪港開港以來，港區一直是最重要的腹地之一，然而隨著發展重心移往南港之後，原本的倉庫區逐漸被公寓和大廈所取代。野茂從小住在廉價的社區住宅（漢字為「団地」），棒球風氣極為盛行，每個社區都有自己的球隊，幾乎每個男孩都在打棒球。而這段成長經驗對野茂的棒球人生彌足珍貴，「從小我就對棒球非常渴望。和那些『日本少年野球聯盟』的孩子們相比，我們只能在公園或空地練球，進入一般高中後，就連和『強豪校』比賽的機會都沒有。所以在效力社會人球隊的那幾年，我特別不想輸給那些待遇、福利、資源都比我們好的球隊。」野茂在二〇一三年接受《日本經濟新聞》專訪時回憶說，「在那個年代，周遭的每個人都對棒球洋溢熱情，我很慶幸自己是在社區住宅的環境中長大。」

一個有趣的事實：除了野茂之外，一九九〇年代中後期渡海挑戰大聯盟的幾位日本選手也都是關西人，長谷川滋利、鈴木誠、伊良部秀輝出身兵庫縣，吉井理人則來自和歌山縣。根據二〇二一年九月《日本經濟新聞》的統計，截至當時效力過大聯盟的六十四名現役及退役日本選手中，出身大阪共計十二人，在日本四十七都道府縣排名第一，而且是第二名東京都（六人）的兩倍，同屬關西的兵庫縣則以五人緊追在後；再論地方別，關西的二十三人同樣居冠，包括野茂、達比修有、黑田博樹、上原浩治、前田健太、松井稼頭央、中村紀洋（以上大阪）、長谷川、伊良部、鈴木誠、田口壯、田中將大（以上兵庫）、吉井、筒香嘉智（以上和歌山）等名將全部都是關西人。

「我認為這不是巧合，」長谷川說，「許多關西人有意識地關注外面的世界，特別是對東京存有既競爭又憧憬的心態。在我念高中（東洋大學附屬姬路高等學校）時，就曾經有人告訴我『絕對不能輸給東京的球隊』。對於想著有朝一日出人頭地的關西人來說，他們有一種『離開關西就能成功』的渴望。」

二〇〇五年從大聯盟退休的長谷川，近年來定居在洛杉磯，年過五十的他仍為了職業高爾夫生涯而努力，這或許就是關西人特有的「開拓者精神」吧！「在洛杉磯，有許多日本人都來自關西。具有幽默感、溝通能力強，讓關西人更容易適應海外生活。」長谷川說。

幽默感與溝通能力顯然不是野茂的強項（笑），但關西人的草根力在他身上展露無疑。同樣出身大阪的上原就以「雜草魂」著稱，蓋因雜草的生命力極為頑強，即使被踩在腳下、被混凝土覆蓋也能竄出頭，象徵拒絕溫室成長、不想輸給菁英的反骨精神。

二〇一八年來台擔任「NIKE青棒菁英訓練營」客座教練期間，野茂曾經說過一句名言：「站上投手丘後，絕對不想被換下來！」回想我們兒時和街坊鄰居年齡相近的小朋友一起打棒球，不正是這樣的心情嗎？一群未經正規訓練、有的只是滿腔熱血的烏合之眾，現場不需要裁判、教練，只需要一塊空地、一支球棒、一顆球（網球也可以）就能消磨一整天。在那個小小世界裡，每個孩子都爭著當投手，想成為比賽的主角，而且當你好不容易站上投手丘，你想的絕對不是將來要打職棒、成為下一個野茂英雄或王建民，你滿腦子想的只是不要被換下來，就這麼簡單。

「站上投手丘後，絕對不想被換下來！」這是街頭棒球遊戲裡每個孩子投球的初衷。野茂不忘初衷，對他來說，這更是棒球人生不斷前行的動力。

INFO

產出最多日本職棒選手的都道府縣排名

至於日本四十七都道府縣，哪個地區產出最多日本職棒選手呢？答案同樣是大阪。

《週刊新潮》網站統計平成時代以來，截至二〇二二年選秀會為止，總共有八個都府縣產出超過一百名日本職棒選手，名次如下：

◇第一名　大阪府　二九六人（代表選手為野茂英雄、達比修有）
◇第二名　神奈川縣　一九一人（代表選手為菅野智之、青柳晃洋）
◇第三名　兵庫縣　一七四人（代表選手為古田敦也、田中將大）
◇第四名　東京都　一六五人（代表選手為松坂大輔、鈴木誠也）
◇第五名　福岡縣　一六一人（代表選手為新庄剛志、今永昇太）
◇第六名　千葉縣　一三六人（代表選手為高橋由伸、近藤健介）
◇第七名　埼玉縣　一二七人（代表選手為小島和哉、松本剛）
◇第八名　愛知縣　一二二人（代表選手為鈴木一朗、大島洋平）

上述八個都府縣不僅名列全日本人口最多的都道府縣前十名（另兩名為北海道及靜岡縣），而且全部都是日本職棒球團主場所在地：大阪府為歐力士猛牛隊、神奈川縣為橫濱DeNA海灣之星隊、兵庫縣為阪神虎隊、東京都為讀賣巨人隊及東京養樂多燕子隊、福岡縣為福岡軟銀鷹隊、千葉縣為千葉羅德海洋隊、埼玉縣為埼玉西武獅隊、愛知縣為中日龍隊。從「人口數」及「職棒球團根據地」這兩個角度看，上述排名堪稱合理且富有意義；此外，上述地區也存在為數不少的高校野球「強豪校」。

至於倒數五名則為鳥取縣、島根縣、岩手縣、高知縣、長野縣。值得注意的是，岩手縣從平成時代以來雖然只產出過二十名日職選手，在四十七都道府縣並列倒數第三名，但出身岩手縣的菊池雄星（盛岡市）、大谷翔平（奧州市）都是大聯盟現役選手，佐佐木朗希（陸前高田市）則以一六五公里火球以及超強的三振能力，被譽為「令和怪物」。

「龍捲風投法」的原型

兒時的野茂個性沉默、內向，但他從小就有兩個極為外顯的特質：一是正義感，或許是個頭高大的關係，同學間的霸凌或爭吵他很少置身事外，而且總是挺身保護弱小的那一方；至於另一個特質更主導了野茂的一生，那就是「頑固一徹」，這句四字熟語源自日本戰國時代至安土桃山時代的武將稻葉良通，意指個性固執，一旦下定決心就不聽信別人的意見，只憑自己的想法堅持到底。

野茂說過一句名言：「投手這種人類，不頑固是不行的！」而他人生中「頑固一徹」的首發，就是「龍捲風投法」。

從孩提時代開始，野茂的偶像除了前述的江川卓之外，還有大聯盟三振王諾蘭・萊恩（Nolan Ryan）、「火箭人」羅傑・克萊門斯（Roger Clemens），野茂會將他們的球員卡貼在置物櫃上。但你注意到了嗎？上述三名投手都是以速球聞名的本格派強投。

「從小我就對『投出速球』這件事非常著迷。我在社區住宅長大，周遭所有男孩都在打棒球，而我唯一擅長的就是投球比其他孩子快。我在想，如果我抬高前腳，扭動臀部，就能投出更快的球速，這就是我小時候的想法。父母親當時也在看職棒比賽，他們告訴我要運用全部身體的力量投球，把腿抬高，這樣的想法對我影響很大。」野茂在二〇一三年接受《日本經濟新聞》專訪時這麼說。

除了追求球速之外，第二代「老虎先生」村山實則是另一個催化劑。野茂父子倆都是村山的忠實球迷，靜雄憶起這段過程，「當他告訴我『想成為村山那樣的投手』時，我教他要用全部身體的力量投球，後來有人說這就是『龍捲風投法』的原型。」

雖然村山的全盛期是在野茂出生之前，但透過靜雄的轉述與引導，依舊對野茂產生深遠的影響。回顧村山與野茂的野球人生，你會發現幾個有趣的巧合：（一）村山與野茂在日職

的球衣背號同為十一號；（二）如同野茂的「龍捲風投法」，村山同樣擁有獨樹一格的投球方式，稱為「扎托佩克投法」（ザトペック投法），係以捷克男子長跑名將扎托佩克（Emil Zátopek）來比擬村山使用全身力量投出每一球的戰鬥意志；（三）村山與野茂的招牌球種同樣是指叉球。

王貞治：多虧了野茂與一朗

另一個對野茂有深遠影響的是「世界全壘打王」王貞治。有日本媒體認為昭和時代的王貞治與長島茂雄、平成時代的野茂與鈴木一朗，是日職史上最具影響力的球星，王與長島透過電視轉播將職業野球傳遍全日本，野茂與一朗則將職棒舞台從日本帶到太平洋彼岸的美國職棒大聯盟。

王貞治活躍於一九六〇至七〇年代，涵蓋野茂出生後直至小學時期，一九七三年和一九七四年，王貞治連續兩年獲得中央聯盟打擊三冠王，當時正是野茂幼稚園的年紀，小野茂對偶像的崇拜不難想像。

但王貞治對野茂兒時的影響絕不只是偉大的數據與紀錄而已，更是他的紀律與職業精神。「棒球對我來說是一種精神上的紀律，讓我自己更上一層樓的方法。棒球已成為我的生命，就如同其他人的生命是茶道、花藝或詩藝一般。」

一九八〇年，王貞治在二十二年職棒生涯最後一場比賽開打前說：「『職棒選手』這個身分對我意義非凡。它代表你必須維持水準的演出，最好的狀況是你能完全發揮，做到淋漓盡致——而且一直維持下去，貫徹始終。這種堅持絕非自我需求或個人情感，而是內在的修養。這標準我維繫了二十二年，這才是我最驕傲的成就。」

王貞治猶如修道者或武士的職業精神，造就了野茂的野球人生，但野茂卻實現了王貞治的夢想。二〇一九年四月十八日，日本明仁天皇退位前，王貞治接受日本記者協會邀請，對即將結束的平成時代日本野球進行回顧。在被問到「如果現在是現役選手，會想挑戰大聯盟嗎？」王貞治回答，「我們那個年代，沒有這樣的管道和門路，所以沒有想過。但這就像登山一樣，如果那邊有一座山，也會想去征服，尤其我又擅長打速球，會想要去試試看。」

事實上一九六〇年代大聯盟球團就曾派出球探赴日觀察當時如日中天的王與長島，只是在那個年代，跨海挑戰大聯盟是完全離經叛道的想法。對於代替他實現夢想的野茂，王貞治不吝給予最高的讚譽，「他突破重重障礙，在美國獲致成功，不僅在棒球史上留下輝煌的一頁，更點燃日本選手內心『我也想試試』的火種，因為有了挑戰大聯盟的目標，帶動日本年輕一代選手的成長，讓日本的棒球水準因而提升。」

在多次不同的專訪中，王貞治不斷表達對野茂與一朗的感謝，以及對新生代選手的期許：「野茂投手突破日美棒球的那道牆，他開闢了一條道路，就此拉近日本與美國棒球的差

距。我知道一開始人們會抱怨，但這可是他做的大事。」

「我希望將來會有愈來愈多像野茂這樣的人，我認為我們必須更趨近美國，這樣我們才能有一個真正的世界大賽。」

「野茂為日本選手進入大聯盟鋪平道路，一旦開闢了投手的道路，一朗則接續開闢打者的道路。多虧了野茂和一朗，日本的棒球水準無疑得到提升，而且愈來愈接近美國。」

「不管任何事，總要有人起頭。現在，有愈來愈多小學生直接以大聯盟為目標，不再是日本職棒。這是一件好事，因為它拉高了整體水平。我們絕不能讓任何事阻擋野茂開闢的道路。」

「為日本人帶來夢想」的棒球選手

回到童年時期的野茂，他在小學的畢業作文許下對自己人生的目標：「將來，我要在甲子園登場，希望加入阪神虎隊，超越王貞治選手的全壘打紀錄。」兩個值得注意之處：

一、小學畢業前的野茂已經立定志向，將來要成為職棒選手，但當時大聯盟還不在他的射程範圍。

二、沉迷於球速的小野茂，雖然已經確立「龍捲風投法」的原型，但他以超越王貞治的全壘打紀錄為職志，顯然當時的他還沒放棄打者夢。

檢視野茂在小學畢業前設定的人生目標：「甲子園登場」、「加入阪神虎」、「超越王貞治」，沒有任何一項付諸實現。但他最終卻實現了一個更遠大的目標：他成為「為日本人帶來夢想」的棒球選手。

INFO

「野茂世代」最佳九人

如果把一九六八年出生的日本職棒選手統稱為「野茂世代」，那他們很有機會成為「史上最強世代」。日本《週刊棒球》（週刊ベースボール）評選出「一九六八年四月二日至一九六九年四月一日期間（亦即與野茂同　學年）出生的最強投打陣容」，名單如下：

◇先發投手
野茂英雄（近鐵）
下柳剛（阪神等）
西村龍次（養樂多等）
藪惠壹（阪神等）
內藤尚行（養樂多等）
近藤真市（中日）

◇牛棚投手
潮崎哲也（西武）
藤井將雄（大榮）

◇終結者　成本年秀（羅德等）
高津臣吾（養樂多）
◇捕　手　矢野燿大（阪神等）
中島聰（歐力士等）
◇一壘手　山崎武司（中日等）
◇二壘手　土橋勝征（養樂多）
◇三壘手　水口榮二（近鐵等）
◇游擊手　奈良原浩（西武等）
◇外野手　金本知憲（阪神等）
緒方孝市（廣島）
飯田哲也（養樂多等）
緒方耕一（巨人）
關川浩一（中日等）
◇指定打擊　圖非・羅茲（Tuffy Rhodes，近鐵等）

2

成城工高校時代——「龍捲風投法」的執念

一九六六年，第四十八屆「全國高校野球選手權大會」（俗稱「夏季甲子園」）大阪大會（即大阪地區預賽）八強賽，明星高校第四棒打者山東孝好至今仍記得對方先發投手謙恭的表情。

「請你手下留情。」

由於前一場比賽超時，明星高校與大阪學院兩隊先發選手被要求在藤井寺球場場邊待命，就在此時，大阪學院先發投手江夏豐走向山東，說了上面這句話。

「我知道他叫做江夏，因為我有三個初中同學後來也念大阪學院。他很有禮貌，給我的感覺就是個隨處可見的高中生。」山東在二〇一八年《Sports Graphic Number》雜誌的專訪中回憶說。

可是一聽到主審喊「Play ball」之後，山東對這名左投手的印象完全

「身為男人，你至少要有一件堅持到底的事。這件事無論別人怎麼說，你都不會改變。」

——野茂英雄的高中學長

變了。「球速真的有夠快啊！明明看起來是偏低的壞球，結果卻精準削進好球帶下緣，而且就算是好球帶正中進壘，依舊充滿壓迫感。」

當時江夏的曲球還不成氣候，全場比賽幾乎都只投速球，明星高校的打線也知道要鎖定他的速球打，但就是打不出去。「他的球質很重，在那場比賽，我們連觸擊都點不好。」當時擔任明星高校第二棒的方喜三郎回憶說。

江夏在這場比賽之前已經連續四場比賽完封對手，總計三十六局無失分、狂飆六十二次三振。即便是後來活躍於明治大學與東京瓦斯的強打者、明星高校當家第四棒山東，也只能以三個打數無安打、一次三振收場，最終明星高校就以一比二敗北，兩年來第一次無緣進軍甲子園。

至於江夏領軍的大阪學院在下一場比賽以〇比一敗給櫻塚高校，止步於四強，但他在這六場比賽、五十一局投出八十一次三振的大會紀錄，高懸超過半個世紀，至今依然無人能破。同年他在日職選秀會以第一指名加盟阪神虎隊，生涯累積二〇六勝、一九三次救援成功，是日職史上第一位「生涯百勝百救援」的巨投。

INFO 日本職棒史上的「百勝百救援」名單

效力中日龍隊的旅日投手郭源治是日職史上第五位「生涯百勝百救援」的投手。

若將日職選手在大聯盟的成績列入生涯通算，總計有八位投手達到前開紀錄（括號為紀錄達成日期）：

・江夏豐，二〇六勝一九三次救援成功（一九八一年五月六日）
・山本和行，一一六勝一三〇次救援成功（一九八五年六月五日）
・齊藤明夫，一二八勝一三三次救援成功（一九八八年七月三日）
・大野豐，一四八勝一三八次救援成功（一九九三年四月二十九日）
・郭源治，一〇六勝一一六次救援成功（一九九四年九月二十一日）
・佐佐岡真司，一三八勝一〇六次救援成功（二〇〇三年九月十四日）
・齋藤隆，一一二勝一三九次救援成功（二〇〇九年六月十一日）※日美通算
・上原浩治，一三四勝一二八次救援成功（二〇一五年五月十日）※日美通算

成城工：堅持走自己的路

為什麼提到江夏豐？因為他和野茂英雄是日職史上少數在高中時期無緣甲子園的頂級球星。

野茂初中就讀「大阪市立港中學校」，三年級的夏天，幾名野球部的隊友慫恿他一起去參加包括近畿大學附屬高校在內、幾所名門高校野球部的選拔，結果野茂全部落選。

一名高校野球部教練直言，「謝謝參加，但以你這種投球形式是絕對不可能在我們的比賽登場的。我建議你去其他高中，這樣你才能更自在地做自己。」

進不了野球強豪校的野茂，關於他「甲子園登場→加入阪神虎→超越王貞治」的遠大夢想，恐怕在第一關就已經灰飛湮滅了。所幸野茂這兩個人格特質，決定了他的人生走向：

一、「反骨精神」：傳統日本野球教練無法容忍他離經叛道的「龍捲風投法」，但這反而激發他堅持到底的決心。

二、「噓聲讓我更強大」：他會將別人的批判與奚落，轉化為激勵自己的動力。

最後野茂進入名不見經傳的「大阪府立成城工業高等學校」（下稱「成城工」）就讀。至於一般高校與野球強豪校的差異有多巨大？成城工野球部只有十三名學生，反觀近畿大學附屬高校野球部卻超過一百五十人！光是人數就相差至少十倍，遑論選手素質、教練團規模、訓練設備與資源……因此野茂在決定加入成城工野球部的當下，幾乎就註定高中三年無緣甲子園的命運。

但這不正是他堅持「龍捲風投法」的必然後果？

試想：初中畢業前身高已經長到一八〇公分、球速又夠快的野茂，如果放棄對「龍捲風投法」的執念，或許有機會進入強豪校、一圓甲子園登場的夢想，而且在回歸正統投球機制後，控球也有可能連帶獲得改善。但這樣平凡而順遂的野茂，還會是後來那個改變美日棒球歷史的「英雄」嗎？

人生好難，可不是嗎？對於那些有勇氣「堅持走自己的路」的人，我們必須給予更多的尊敬。

「每個人三千日圓行不行啦？」

與野茂同一年入學、後來成為捕手搭檔的內山登，二〇二二年八月接受《Sports Graphic Number》雜誌專訪，回想起初次見到野茂的情景，以及最深刻的印象：

「因為初中學長在野球部的關係，野茂在入學儀式前就以實習生的身分參加練球，但我事先不知道。所以當我第一次來社團報到，看著身高超過一八〇公分的野茂穿球隊制服出現時，我驚訝地想『這位學長也太高大了吧！』後來當我們閒聊發現彼此都是新生，我更加驚訝。」

「投手丘上的野茂非常出色，這是無庸置疑的，但真正在我腦海中揮之不去的是練習傳接球的時候。當我們逐漸拉開距離，三十公尺、五十公尺，甚至更遠，他的來球始終維持直線而不下墜；而且即使距離再遠，他的球也不會亂飄，總是精準飛進手套。野茂是唯一能這樣傳球的人。」

雖然投手丘上氣勢非凡，可是球場外的野茂活脫脫就是個鄰家大男孩。內山笑著說：「我們高二、高三同班，考試前會輪流到對方家裡一起念書、討論功課，但野茂白天上課時總是在睡覺。原因是投手被要求早上六點半就要開始晨練（野手則否），而野茂家到學校的通勤時間至少一小時，所以他每天清晨五點多就必須搭第一班火車到校，然後開始跑步、練球，難怪一上課就昏昏欲睡。不過只要下課鈴響，他就會跳起來，生龍活虎地找人聊天。我所認識的野茂，就是這樣一個熱中棒球的普通高中生。」

即使畢業多年，野茂在同學心目中始終是當年那個「野球小僧」。內山說：

「從新日鐵堺到近鐵，再到大聯盟，野茂的舞台愈來愈大，但他和野球部的我們關係始終沒變。只要他和我們在一起，他就彷彿回到當年那個在滿是汗臭味的社辦、講幹話然後笑到肚子痛的幼稚鬼。」

「每年大聯盟球季結束後，我們這群野球部的同梯就會聚在老家附近的居酒屋喝酒聊天。有一次野茂提議去唱卡拉ＯＫ，當媽媽桑看到走進門的竟然是這個令全日本為之瘋狂的大聯盟球星時，個個又驚又喜，野茂卻只顧著幫大家殺價『每個人三千日圓行不行啦？』就這樣，我們跟著他從一樓一家一家地殺價到五樓（笑）。」

「雖然媒體前的野茂總是板著一張撲克臉，但在我們面前，他就是這樣一個樸實無華、開朗好相處的人。」

用努力堆砌而成的「完全比賽」

野茂在高三的最後一個夏天帶領成城工野球部打進「夏季甲子園」大阪大會前十六強（第五輪），雖然距離晉級甲子園還非常遙遠，但這已經是野茂高中三年來球隊的最佳成績了。

要說野茂高中生涯的唯一亮點，就是高二那年夏天的「完全比賽」了。一九八五年七月十九日，野茂在「夏季甲子園」大阪大會第二輪對生野高校投出大會史上第二場「完全比賽」，完投九局一〇四球，面對二十七名打者投出十次三振、十三次滾地球出局，內野及外野飛球接殺各兩次，全場沒讓生野高校任何打者上壘。

事實上這場「完全比賽」得來不易，因為前一輪比賽，野茂在球隊領先五分之下登板接替學長投球，結果控球出現大亂流，差點害球隊在第一輪就遭淘汰。賽後野茂非常自責，卻在隔天接到監督通知他下一場比賽擔任先發投手。

一個控球大好大壞的高二投手，差點搞砸球隊穩穩到手的勝利，監督卻還是決定將先發重任交付給他，一個關鍵點在於，野茂是值得信任的孩子。

高校野球部的訓練非常艱苦，每天環繞八百公尺的場地跑十圈、八十公尺短跑衝刺三十次、再練投一百五十球，這種土法煉鋼式的刻苦訓練是家常便飯，就連熱愛棒球如野茂，高三時也一度想放棄並退出。

「如果你想用自己的投球方式獲得成功，那就努力跑吧！」不論高中或社會人球隊的教練，都非常堅定地這樣要求野茂。因此當隊友練投時，野茂經常在場邊來回衝刺，他甚至會從家裡跑到學校。

野茂的努力，教練和隊友都看在眼裡。知名作家小松成美在《遙遠的甲子園》（日文書名《遠すぎた甲子園》）一書中，對這段時期的野茂做了非常生動的描述，「野茂給人的形象，多數時候不是華麗的投球場景，而是汗流浹背、一手握著一支啞鈴默默跑步，這個畫面牢牢烙印在周遭每個人的腦海裡。而這個心無旁鶩的表情，正是他最吸引人的人間力。」

這段期間積累的體能，後來成為野茂職棒生涯最重要的資產。曾經有媒體問他在大聯盟的成功之道，他回答，高中時期一天練投一百五十球，每天衝刺五十、一百趟，當時覺得很煩、很累，後來進入社會人球隊、到日本職棒、再到大聯盟的這段過程才發現，體能真的很重要。好在高中時期體能充分打底，才能應付大聯盟一百六十二場、投一休四的節奏。

「身為男人，你至少要有一件堅持到底的事」

高中時期除了體能之外，另一個讓野茂徹底蛻變的是「自信心」。他承認自己剛上高中時對投球沒自信，「一直投到十八歲才開始有信心，意識到自己是好投手」。而在這段過程中除了持續付出努力之外，更重要的是高校野球部教練的箴言：「要大大方方、堂堂正正地站上投手丘，不管你是假裝的也好，就是要拿出自信。」

所以這也成為野茂在二〇一八年來台擔任「NIKE青棒菁英訓練營」客座教練時，教導台灣青棒選手必須具備的心態：

「假裝有自信這件事在剛開始的時候很重要，慢慢假裝到成功以後，你得到了真正的自信，也會慢慢成為更好的選手。」

「要把自信拿出來，不管是真的還是假的！」

說到這裡，你是否想到一件事：成城工野球部監督有想過要改掉野茂的「龍捲風投法」嗎？

事實上是有的。當時擔任野球部監督的宮嵜彰夫，將野茂的投球命名為「旋風投法」，顯見野茂的投球機制在高中時代就已經相當定型了。身為平凡的公立高校野球部監督，宮嵜原本無意干涉野茂獨特的投球機制，但在看到野茂高二夏天「前一場投球自爆、下一場『完全比賽』」的極端表現之後，宮嵜監督有意將野茂投球時雙手高舉過頭頂的「揮臂式」改為「固定式」。

野茂所使用的「揮臂式」投球，準備動作是先以正面面對打者，雙手握球後高舉過頂，由於繞臂動作大，身體完全伸展，有助於全力投球，因此球速較快、有球威，但也因為投球時間長，增加被盜壘的風險；反之，「固定式」投球的準備動作是側身對著打者，雙手握球後舉到

胸前，投球動作小、伸展速度快，優點是防制盜壘、提升控球能力，缺點則是犧牲了球速與球威。

當宮嵜監督約談野茂、勸說他改為「固定式」投球時，野茂從頭到尾默不作聲，他不敢回嘴，卻也固執地不肯妥協。最後碰了軟釘子的宮嵜只好放棄，「好吧！你就做你想做的吧！」

隔年升上高三的野茂，陸續有社會人球隊和職棒球團慕名而來，派出球探在場邊觀戰。面對多數球探批評「球種太少」、「這種投球姿勢進不了我們球隊」，宮嵜監督再度勸說野茂改變投球機制。就在這個時候，高中學長的一段話改變了野茂的人生。

這位學長大野茂七屆，成城工畢業後加入社會人球隊「新日鐵堺」。他告訴野茂，「身為男人，你至少要有一件堅持到底的事。這件事無論別人怎麼說，你都不會改變。」從那時開始，野茂下定決心，永遠不會讓任何人改變他的投球機制。

題外話，這位學長也就是後來邀請野茂加入新日鐵堺的關鍵人物。

至於那些職棒球探呢？有此一說，當時至少有八隊和野茂接觸，結果卻沒有任何球團在當年度選秀會指名野茂。

為什麼會這樣？就以野茂從小憧憬的阪神虎隊為例，阪神球探在蒐集當地高中選手的情報後，曾經向球團提議要不要「順便」派員觀察野茂，結果卻被高層拒絕了，「不用吧！一個在地區預賽早早就遭到淘汰的高中投手，沒什麼可看性。」

這件事後來也讓阪神球團遭受強烈的批判。三年後當野茂在選秀會獲得破紀錄的八支球團第一指名、最後風光加盟近鐵猛牛隊的隔天，有媒體就以「阪神，這就是你為什麼贏不了球」之類的言詞，痛批阪神球團沒有在野茂高中畢業前搶先指名他。

確實是如此。球探的責任不就是要發掘那些不為人知的璞玉嗎？即便是早早就遭到淘汰的高中球隊，也可能存在潛力新秀，不是嗎？如果只想把工作範圍局限在甲子園出賽球隊，或聚焦在投打數據突出的選手，那球探的工作未免也太好做了。無怪乎當時有人形容日本職棒是「上班族野球」，這種「只想領死薪水，不願意多做事」的心態，毫無疑問是不可取的。

野茂的高中野球人生，就在他決定效力新日鐵堺之後劃下句點，接下來的社會人球隊以及一九八八年漢城（現名首爾）奧運，也成為他人生重要的轉捩點。

順帶一提，野茂的「龍捲風投法」對於後世帶來多大的影響？有此一說，年紀比野茂小一輪的「台灣之光」王建民，他在投球時雙手高舉過頂的「揮臂式」投球，就是模仿野茂而來。

3

新日鐵堺——指叉魔球華麗登場

一九八四年，一個陽光晴朗的午後，成城工野球部的高一新生野茂英雄正在與隊友傳接球。雖然只是牛棚練投前的暖身，但野茂全神貫注地抬腿、扭腰、繞臂、伸展，用盡全身的力氣投出每一球，渾然不覺場邊有一道陌生卻灼熱的目光正射向自己。

這是社會人球隊新日鐵堺野球部監督濱崎滿重。濱崎與成城工野球部的宮嵜彰夫監督熟識，當宮嵜告知「有一個資質極佳的一年級生，我想請你幫忙培訓」，濱崎便專程來一探究竟。

「竟然連傳接球都是『龍捲風投法』！」濱崎監督在二〇一五年接受《週刊現代》專訪時回憶說。

等野茂進牛棚練投後，他更確信自己遇到了一個不世出的大物，「身為高中一年級新生，他的球威比起社會人投手可說毫不遜色。即便他的身

「我自認完美的指叉球，連一球也沒被打到過。」

——野茂英雄

體如此扭曲，軸心卻完全沒偏掉，我能感覺到他下半身的力量與柔軟度。」

高中二年級之後，嶄露頭角的野茂開始吸引職棒球團的注意。濱崎監督特地將野茂拉到一旁，慎重告訴他，「如果你在高中畢業後進入職棒，選秀會有可能獲得第三至第四指名。但如果來我的球隊，我擔保三年後你一定是第一指名。」

危機感才是前行的動力

一九八〇年代正是社會人球隊的鼎盛時期，全日本有將近三百支球隊。一九八七年自成城工畢業的野茂躬逢其盛，在與父親、成城工野球部監督及經理討論後，他決定進入新日本製鐵的關係企業「新日鐵化學株式會社」任職，並且在「新日鐵堺」（全名為「新日本製鐵株式會社建材事業部堺製鐵所」）野球部繼續打球，月薪約十一萬九千日圓。

什麼是社會人球隊？其性質類似我國甲組成棒隊，但又可區分為企業球隊與俱樂部球隊兩大類，前者由公司贊助成立，後者則為社團或社區型。

社會人球隊的比賽包括各種地方大會與全國大會。地方大會是由「公益財團法人日本野球聯盟」所屬各地區聯盟所舉辦的「地區聯盟主催大會」，而全國大會主要包括「都市對抗野球大會」、「社會人野球日本選手權大會」、「全日本俱樂部野球選手權大會」，其中又以「都市對抗野球大會」最受矚目。

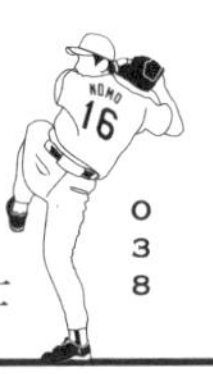

野茂回憶起剛進社會人球隊的心情，「我沒想到自己會成為職棒選手，當時就只覺得找到一份工作罷了。」野茂這樣的想法其來有自，還記得濱崎監督受託共同培訓野茂這件事嗎？高中時期的野茂後來就與同年級的捕手內山登，一起參加新日鐵堺野球部的集訓。「因為我也在現場，我很清楚，野茂比起那些社會人投手的球速更快、球質更重。」內山作證指出。

當時新日鐵堺的王牌投手清水信英也有同感，「我和前來受訓的高中二年級生野茂一起練投，他的投球好到令人難以置信。」

面對周遭許多人的肯定，野茂內心的想法卻正好相反，「光是社會人球隊就有這麼多了不起的選手，我想我將來絕對不可能打職棒。」

要說野茂對自己沒信心嗎？或許吧！就如前述，野茂自承剛上高中時對投球沒自信，一直投到十八歲才開始有信心。但更貼近野茂心境的想法應該是：他對未來充滿危機感，而這種危機感正是驅使自己不斷前行的動力。

指叉魔球初登場

高中時期野茂受到職棒球探批判最多的地方，除了離經叛道的「龍捲風投法」與控球問題之外，就數「球種過少」了。他唯一的變化球種是一顆不夠彎的曲球，多數時候只能靠剛猛的速球與打者周旋，這種模式在高中階段的地區預賽或許還算管用，但進職棒？絕對不可能。正如近鐵猛牛隊球探河西俊雄所言，「除非進職棒之後大改造，否則很難有出頭的機會。」

社會人第一年的春天，由於新日鐵堺一名先發投手受傷，濱崎監督指示野茂練習滑球，為即將來臨的「都市對抗野球大會」預選作準備。說也奇怪，不管是曲球或滑球，野茂對於這種彎曲有幅度的變化球始終無法上手，於是濱崎監督便想到了指叉球。而野茂對於指叉球也有自己的一套邏輯：「人的兩眼是橫向生長的，這意謂人眼因應橫向變化的能力強，但因應縱向變化的能力弱。」而指叉球正是他理想中縱向變化、垂直下墜的球種。

根據二〇一〇年棒球暢銷作家懷廷（Robert Whiting）在《日本時報》（*The Japan Times*）的專文，野茂為了練成指叉球，每晚睡前都用膠帶將網球固定在右手食中二指之間，藉以撐開這兩指的叉開幅度。他形容自己在社會人第一年「日復一日練習，直到有一天，球終於能掉進好球帶，我永遠不會忘記這一天！」

社會人野球之巔

社會人第一年潛心苦練指叉球有成，第二年（一九八八）開始，年方二十歲的野茂成為新日鐵堺的王牌投手。他在「都市對抗野球大會」第一輪對NTT東京完投勝，第二輪對上大昭和製紙更獨撐十七局、面對打者多達六十四人次，帶領球隊在延長賽第十七局下半以二比一拿下再見勝利，直到八強賽才輸給東芝（當年度的冠軍隊）。大放異彩的野茂獲頒「若獅子

賞」，相當於「最佳新人獎」，同年入選漢城奧運的日本代表隊。

一九八八年的「都市對抗野球大會」具有特殊的歷史意義。首先，這是有史以來第一次從後樂園球場移師東京巨蛋舉行，進場觀眾人數多達七十六萬三千人，是過去歷史紀錄三十五萬七千人的兩倍有餘；另一個改變歷史的焦點，當然就是野茂的崛起。彷如後來讀賣巨人軍長島茂雄監督許給松井秀喜的「千日計畫」，新日鐵堺野球部監督濱崎滿重則在野茂高中時期就預告「三年養成計畫」，對照後來的實際成效：第一年（一九八七）苦練指叉球有成，第二年（一九八八）獲選都市對抗野球大會「若獅子賞」、入選奧運代表隊，第三年（一九八九）在日職選秀會獲得破紀錄的八球團第一指名。

曾經自我懷疑「將來絕對不可能打職棒」的野茂，加入新日鐵堺之後只用了不到三年時間就登上日本社會人野球之巔。社會人時期的另一個收穫則是找到了人生的摯愛，野茂與森本紀久子相識，兩人在一九九一年成婚。

至於兩人認識的過程也很傳奇，紀久子是敵隊東芝野球部的啦啦隊女郎。有此一說，投手丘上的野茂瞥見站在場邊的紀久子，隨即被KO下場（笑）。

野茂與紀久子育有二子，長子野茂貴裕二〇一四年畢業於美國的大學，二〇一五至一八年擔任日本火腿隊一軍翻譯，曾經是大谷翔平、陽岱鋼的同事。

4

清水信英——王牌投手的意識

「王牌投手」是實力，更是一種意識。

指叉球讓野茂英雄成為新日鐵堺、乃至於全日本業餘球界的王牌投手，這是「實力」；但王牌投手的「意識」則是來自新日鐵堺前任王牌投手清水信英的一席話。

清水信英畢業於大阪的興國高校。興國高校野球部與野茂的成城工是對頭，有點類似漫畫《灌籃高手》（SLAM DUNK／スラムダンク）中湘北與陵南的關係，兩隊會舉辦練習賽，興國高校也曾在大阪大會阻斷野茂的甲子園之路。

在野茂進入新日鐵堺的第一年，清水是球隊的王牌投手，更是大他十歲的老大哥。一九八七年都市對抗野球大會近畿地方預賽，新日鐵堺對上大阪瓦斯，這場比賽至關重要，因為勝隊將代表該分區晉級。

「如果你的情緒被比賽所左右，那一點幫助也沒有，反而會因為你示弱，而給了對手可乘之機。堂堂正正站上投手丘吧！」

——清水信英

野茂在這場比賽接替先發王牌清水的投球，才上場沒多久就被夯出全壘打，球隊因此輸掉比賽而無緣晉級。

日本《Sports Graphic Number》雜誌在「夏季甲子園一百屆大會紀念特集」記錄了這場比賽背後的故事：那天晚上，野茂一個人坐在員工宿舍餐廳，自責地哭了。「一個第一年的投手不該背負這麼多。」清水心想，他將野茂帶到其他房間。

「你想成為王牌嗎？」清水決定將過去十年成為王牌投手的心路歷程告訴野茂。

「上場投球就是要贏得每一場比賽，與對手是誰無關。因為不管是休息區的教練、隊友，乃至於看台上的觀眾，每個人都在仰望你。」

「如果你的情緒被比賽所左右，那一點幫助也沒有，反而會因為你示弱，而給了對手可乘之機。」

「堂堂正正站上投手丘吧！」

這番話成為野茂在投手丘上的座右銘。二〇〇八年野茂決定從大聯盟引退之後，清水接到他的電話。

「那天晚上清水桑對我說的話，直到最後一刻，我都記在心裡。」野茂以感性的口吻對清水說。

李納列斯：野茂是唯一讓我留下深刻印象的日本投手

一九八八年漢城奧運，日本代表隊在棒球項目摘下銀牌。這支球隊歷練一九八五年洲際盃、一九八七年亞洲盃、一九八八年世界盃，以及奧運前的四國（日本、美國、加拿大、澳洲）對抗賽，這群國家隊成員對世界棒球的視野，亦即國際觀，遠勝於日職選手，他們將日本野球帶往全新的階段。

奧運前一年（一九八七）秋天，十九歲的菜鳥野茂參加社會人野球新人研修會。這項培訓課程始於一九八二年，對象是入社一至三年的新進選手。由於當時國際賽僅限業餘選手參加，因此研修會就成為產出國家隊成員的重要搖籃。

同年十月二十六日至十一月四日在大阪球場舉行的「社會人野球日本選手權大會」，野茂只出賽一場，投了兩名打者；再加上高中時代從未在甲子園登場，「野茂英雄」在日本全國毫無知名度，不過他與效力松下電器的同齡投手潮崎哲也獲得日本球界的注目，後來也一起入選國家隊。那個時期的野茂控球不穩定，球技雖嫌粗糙，但球速與球威極為出色，被評為有高度的潛力。

一九八八年歷經都市對抗野球大會與國手選拔賽之後，野茂入選國家隊，他的第一場國際賽是八月在義大利舉辦的世界盃，距離奧運只剩下兩週的時間。

預賽第四名的日本隊，準決賽對上預賽第一的古巴隊。日本先前在預賽以二比三輸給古巴，當時擁有李納列斯（Omar Linares）、金德蘭（Orestes Kindelan）、帕契哥（Antonio Pacheco）三劍客的「紅色閃電」被譽為「世界最強國」，雖然古巴因為政治問題而抵制接下來的漢城奧運，但自從一九七二年首次交鋒、一直到這場比賽之前，日本對古巴只有悲慘的二勝十二敗一和。易言之，當時日本還處在苦苦追趕古巴的年代。

日本隊投手教練山中正竹大膽推出野茂擔任古巴戰的先發投手，他在第一局就被帕契哥打回兩分，之後封鎖對方打線，二比二僵持到第八局才再失分，最後古巴就以十三戰全勝拿下該屆冠軍。

令山中教練印象深刻的是在比賽後段，李納列斯打出的強襲球重擊在野茂的腿上，發出「咚」的一聲巨響，但野茂竟然神色自若地走回投手丘，從他臉上看不到一絲痛苦的表情。

事隔三十多年，山中教練受訪時還清楚記得這一幕，「他個性樸實，不多話，不是那種會在投手丘上顯露情緒的人，但我能感受到他的氣魄，以及一步都不退縮的決心。在牛棚看到這一幕的我，忍不住全身顫抖。」

「堂堂正正站上投手丘，不要因為你的情緒或示弱，而給了對手可乘之機。」野茂牢記清水的這番話，這或許就是他在場上永遠一張「撲克臉」的由來。

李納列斯後來在二〇〇二年加盟中日龍隊，他說他一直記得野茂，「野茂是唯一讓我留下深刻印象的日本投手。」

古巴打者對野茂豪快的速球以及本壘板前消失的魔球感到驚奇，直到許多年後仍記得「Nomo」這個名字。他們會在賽前熱身時模仿野茂的「龍捲風」投球，李納列斯、帕契哥甚至驕傲地稱呼野茂為「我的朋友」（Mi amigo）。

至於野茂同樣震驚於古巴的強力棒球，一向寡言的他經常主動聊起與古巴強打交手的回憶，一九九〇年四月二十九日對歐力士以單場十七次三振拿下職棒生涯首勝之後，他甚至表示「與古巴相比，這容易多了」。

有日本媒體認為，這就是野茂嚮往大聯盟的開始。

「比起一千一百萬美元，我更想為一千一百萬古巴同胞打球」

只比野茂大不到一歲的李納列斯，一九八〇年代後期就被大聯盟球探評為全世界最佳業餘選手，但他為什麼直到二〇〇二年才以三十五歲高齡到海外打球？

答案是愛國心。

李納列斯帶領「紅色閃電」拿下一九九二年巴塞隆納奧運及一九九六年亞特蘭大奧運兩屆金牌、六次世界盃以及其他無數國際賽冠軍；生涯在古巴全國聯賽累計四〇四支全壘打、一五四七分打點、二四六次盜壘成功，四度拿下打擊王與打點王，堪稱古巴棒球史上最偉大的

選手。但難道他沒有大聯盟夢嗎？

當然有。一九九三年三月，大聯盟巴爾的摩金鶯隊與古巴國家隊舉辦兩場友誼賽，賽前李納列斯說「**這是我們的夢想成真**」。

但是對絕大多數的古巴選手來說，大聯盟夢可不是一兩場表演賽就能滿足的。早自一九九一年七月古巴國家隊投手阿洛查（Rene Arocha）叛逃的首例開始，兩年後有游擊手歐多涅茲（Rey Ordonez），再兩年後有李凡・賀南德茲（Livan Hernandez），又再兩年後則是李凡的哥哥「公爵」奧蘭多・賀南德茲（Orlando “El Duque” Hernandez），等到被譽為古巴棒球史上最佳投手之一的康崔拉斯（Jose Contreras）也在二〇〇二年叛逃之後，這已經是沛然莫之能禦的趨勢了。

尤其是二〇〇九年「火球男」查普曼（Aroldis Chapman）在荷蘭叛逃以來，有愈來愈多古巴年輕棒球選手走上這條路，其中有不少是拋妻棄子，留下年邁的父母，離開從小生長的家鄉，在半夜跟著從不認識的船夫，搭上從沒見過的快艇，航向未知的目的地，也有像荷西・費南德茲（Jose Fernandez）這種四度叛逃才成功、還曾被遣返古巴坐牢的例子。

但不論是金錢、名聲、自由，這些都沒絲毫動搖過李納列斯的信念，他說過一句名言：

「比起一千一百萬美元，我更想為一千一百萬古巴同胞打球！」

十四歲就成為古巴國家隊先發二壘手的李納列斯，他在國家隊長達二十年的球員生涯當中，被大聯盟球探問了無數次，但他的答案始終堅定。雖然不能像當代許多年輕古巴選手一樣，在大聯盟揚名立萬，但李納列斯對國家與同胞的堅持，正是讓他更加傳奇的原因之一。

李納列斯一直到三十五歲才圓了旅外夢，然已時不我與，三年來在中日只出賽一百三十二場，兩成四六打擊率、十一支全壘打、六十一分打點。

共產鐵幕剝奪了運動員的自由與夢想，但日本職棒的鎖國政策又何嘗不是如此？村上雅則等人未完成的大聯盟夢想，就留待野茂英雄來達成了。

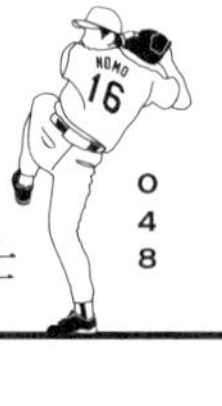

5

漢城奧運——與古田敦也並肩作戰

在二〇〇〇年雪梨奧運開放職棒選手參賽之前，一九八八年漢城奧運的日本隊一直被譽為奧運史上日本最強代表隊。一個簡單的比較：相較於一九八四年洛杉磯奧運的金牌陣容，二十名業餘選手有十六人進入職棒，漢城奧運代表隊雖然只有十三人進入職棒，卻產出了三位名球會成員：野茂英雄、古田敦也、野村謙二郎。

野茂是日職選手挑戰大聯盟的「先驅者」，日美通算超過兩百勝、三千次三振；古田是日職史上第一位「大學畢業社會人達成兩千支安打」的選手；野村則是著名的「走攻守」三拍子好手。

野茂、潮崎哲也、石井丈裕、渡邊智男扛先發輪值，古田坐鎮本壘後方，中線內野手則有野村與小川博文，難怪投手教練山中正竹曾經向後來擔任廣島鯉魚隊監督的山本浩二叫陣，「浩二桑，讓我們跟職業隊打一場

「投手這種人類，不頑固是不行的！」

——野茂英雄

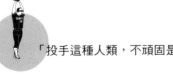

吧！」雖然是玩笑話，但山中教練可是精算過的，「有這麼強大的投手陣容，對戰職業隊就算拿不下分數，但我們也已立於不敗之地。」

正因為投手陣容太豪華，就連當時就讀東北福祉大學三年級的「大魔神」佐佐木主浩也沒能入選；另一個遺珠則是立命館大學強投長谷川滋利，他常開玩笑虧自己是「全日本代表隊的打擊練習投手」。

與古田敦也的好交情

前面提到野茂在加入社會人球隊第一年就受到日本球界高度關注，這是有原因的。

一九八四年洛杉磯奧運奪金之後，原本的教練團成員鈴木義信升任監督，隔年（一九八五）三

INFO

一九八八年漢城奧運的日本代表隊陣容

自洛杉磯奧運開始，日本奧運代表隊的背號原則如下：主力野手是一至十號，十一號開始是投手，二十號之後是其他野手，至於教練團則是三十號以後。

漢城奧運日本代表隊成員名單，包括背號、姓名、所屬學校或社會人球隊、加盟日本職棒球團，表列如下：

監督		
30	鈴木義信	東芝
教練		
31	川島勝司	YAMAHA
32	山中正竹	住友金屬
投手		
11	潮崎哲也	松下電器→西武
12	渡邊智男	NTT四國→西武
14	鈴木哲	熊谷組→西武
15	菊池總	東芝
16	吉田修司	北海道拓殖銀行→巨人
18	石井丈裕	王子大飯店→西武
19	野茂英雄	新日鐵堺→近鐵
捕手		
20	古田敦也	TOYOTA自動車→養樂多
22	應武篤良	新日鐵廣畑
內野手		
1	西正文	大阪瓦斯
2	葛城弘樹	東芝
3	米崎薰臣	日本生命→近鐵
6	野村謙二郎	駒澤大學→廣島
9	小川博文	王子大飯店→歐力士
10	筒井大助	住友金屬
28	大森剛	慶應大學→巨人
外野手		
8	中島輝士	王子大飯店→日本火腿
21	前田誠	東芝
25	松本安司	三菱重工名古屋
27	苫篠賢治	中央大學→養樂多

至於中華代表隊多數成員則成為兩年後中華職棒成立初期的主力球星，包括投手黃平洋、涂鴻欽、陽介仁、陳義信，捕手曾智偵、洪一中、陳金茂，內野手王光輝、林仲秋、洪正欽、吳復連，外野手李居明、林易增、黃甹隆；另外，投手郭建成在隔年（一九八九）一月加盟日職養樂多燕子隊，郭李建夫在一九九二年率領中華隊勇奪巴塞隆納奧運銀牌後加盟阪神虎隊。

美國隊最有名的則是獨臂左投亞伯特（Jim Abbott），隔年（一九八九）跳過小聯盟，直接登上大聯盟天使隊，大聯盟生涯八十七勝，還投過無安打比賽。其他還包括提諾·馬丁尼茲（Tino Martinez，生涯三三九轟，為洋基拿下四座世界大賽冠軍）、羅賓·范屈拉（Robin Ventura，生涯二九四轟、六次獲選三壘手金手套，最有名的是和「三振王」萊恩的互毆事件）。

月啟動強化計畫，瞄準四年後再度奪金，而野茂這樣的投手正是教練團鎖定的觀察與培訓對象。

日本球界對投手的傳統觀念是：速球球速一四〇公里上下，優異的控球以及變化球。但山中投手教練很清楚，光憑這樣的條件是無法和世界棒球「強豪國」古巴、美國相抗衡的。山中教練後來在接受《棒球雜誌》專訪時分析如下：

「國際比賽中，投手球速是必要條件。我認為入選國家隊的基準應該是『球速九十五英里（一四五公里）＋其他（決勝球或能讓對手揮空三振的特殊球種）』。」

「野茂完全符合這些標準，極速超過一五〇公里的速球搭配落差極大的指叉球。」

「他的存在感極強，一九八七年參加社會人的新人研修會，他與潮崎閃閃發光。我認為他是那個世代日本投手的核心人物。」

「他改變了日本球界重視『一四〇公里速球、控球力、變化球』的傳統，就在昭和時代與平成時代的過渡期，這些強力投手相繼出現。」

在這個指導原則之下，野茂、潮崎、與田剛、佐佐岡真司、西村龍次等社會人「剛腕」投手被列入重點觀察名單，但也因為這群年輕投手欠缺經驗與控球，需要一個有領導能力的捕手來帶領。

立命館大學明星捕手古田敦也被日職球探批評「戴眼鏡的捕手不可能成大器」，一九八七

年日職選秀會意外落選，激發他轉而投效社會人球隊「TOYOTA自動車」，繼而成為隔年奧運代表隊的主戰捕手。「古田的存在——不論是腦力（inside work，包括領導能力、配球）或傳球臂力——對球隊非常重要，他將野茂和其他投手的優點給帶了出來。」山中教練回憶說。

教練團原本擔心這群業餘選手彼此間的凝聚力不強，後來發現多慮了。原來在漢城奧運前一年，一九八七年十一月二十九日，大韓航空班機發生空難，北韓特務金賢姬遭逮捕，為了避免奧運選手成為恐怖攻擊的目標，日本代表隊選手形同被「軟禁」在選手村，年齡相仿又同樣出身關西的野茂、古田，每天晚上都在宿舍玩撲克牌，討論投球策略。以金牌戰對上美國隊為例，考量美國隊打者人高手長、揮棒幅度大，他們在賽前決定先以速球強攻內角，最後再用外角指叉球作為決勝球。

古田在二〇二〇年《Sports Graphic Number》雜誌專訪中透露，野茂對自己的投球模式非常有自信：

「他說，不論對手是誰，他都會按照自己的方式一決勝負。」

「他經常搖頭否決我的暗號，然後投出自己想要的球種。」

「即使遇到麻煩，他也從來不流露不安的表情。」

「向這樣的投手逐一詳細分析對方打者的習性，只會降低他投球的積極度與侵略性。所以我只告訴他，『既然進了決賽，那就全力以赴，戰鬥到底。You can do it!』」

漢城奧運的台日大戰

由於世界業餘棒球霸主古巴抵制漢城奧運，讓日本衛冕金牌的機會大增。同樣信心滿滿的還有上屆奧運拿下銅牌的中華隊，同屬B組的兩隊就在預賽狹路相逢。

這場惡鬥打到延長十三局才分出勝負，雙方投手精銳盡出，中華隊的陳義信、黃平洋、羅振榮、郭建成、涂鴻欽，對上日本隊的野茂、潮崎、石井。

日本隊在六局下半先下一城，七局上半中華隊靠李居明及王光輝連續安打、林易增游擊滾地球追平比數，兩出局後江泰權再從野茂手中夯出兩分全壘打，中華隊以三比一超前，野茂就以先發六又三分之二局失三分退場。

不過八局下半日本隊第四棒中島輝士兩分打點安打追平比數，十三局下半古田揮出再見安打，日本隊最後就以四比三險勝。

日本在B組預賽對波多黎各、台灣、荷蘭拿下三連勝，準決賽再靠「石井－潮崎－野茂」的勝利方程式以三比一擊敗地主隊韓國，士氣達到頂峰，選手之間口耳相傳「決賽絕對會贏球」、「有野茂登板就沒問題」。結果美國隊靠著獨臂左投亞伯特完投、提諾·馬丁尼茲雙響砲，以五比三奪下金牌，野茂在這場金牌戰只上場中繼了兩局。

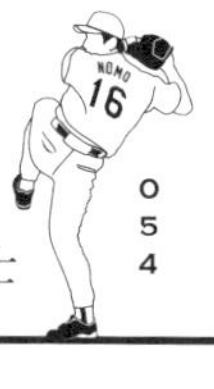

台灣的奧運戰略：郭李建夫

一個有趣的插曲：漢城奧運指導投手群有功的山中正竹，隨後升任一九九二年巴塞隆納奧運日本國家隊監督，卻遭到中華隊以二比〇、五比二兩度重擊，最後只以銅牌失望收場，而中華隊在這兩場關鍵戰的勝利投手都是郭李建夫。

二〇二一年八月，山中正竹在接受日媒專訪時透露這段鮮為人知的祕辛，他將日本隊的失敗歸因於「台灣的奧運戰略」（台湾のオリンピック戦略）。原來早在四年前的漢城奧運，山中就發現中華隊替補選手席坐了一個完全沒上場的十九歲投手郭李建夫，他好奇問中華隊教練李來發「你為什麼要帶一個用不到的投手來奧運？」

當時的郭李，山中評價為「球速極快，但自己都不知道球要投去哪裡」，所以他只想確認郭李是不是中華隊的第六號投手而已。

但李來發否認了，「不，這是為巴塞隆納奧運作準備的。」換言之，在漢城奧運比賽的時間點，包括李來發在內的中華隊教練團就已經在為四年後佈局了！這是何等的深謀遠慮！

正因如此，中華隊才能從漢城奧運預賽三連敗的恥辱中奮起，四年後在巴塞隆納奧運拿下隊史最佳的銀牌。

山中教練回憶說：

「巴塞隆納奧運結束後回到日本，許多人批評我太過大意、研究不足等等，但如果你問我，我會認為這些說法是對教練團和選手的不尊重。我們反覆看台灣隊比賽的錄影帶，看到連絞帶都磨壞了。」

「我只能說，我們輸在戰略，而不是輸在戰力。準決賽輸給台灣之後，我們所有人坐在巴士裡一點聲音都沒有，長達二十至三十分鐘的時間，大家一句話都說不出來。」

知古鑑今，當今台灣棒球界，乃至於未來，我們什麼時候才能再看到如此謀略深遠的領導者呢？

一九八九一念間：差點反轉野茂人生的亞錦賽

一九八九年九月在韓國漢城蠶室棒球場舉行的第十五屆亞洲棒球錦標賽，李來發領軍的中華隊與日本、韓國並列冠軍，而且差點改變了野茂的人生。

九月十九日台日大戰六局下半，日本隊在一比〇領先時換上野茂接替先發投手與田剛，卻被羅國璋、廖敏雄擊出安打，江泰權、王光熙獲保送，連失四分；八局下半被古國謙、王光熙、曾貴章連續安打再丟兩分，終場中華隊以六比一逆轉擊敗日本。中繼的野茂狂失五分，大批遠赴漢城的日職球探紛紛表示他的行情下跌，讀賣巨人球探部長澤田親夫甚至直言，野茂已經失去加入巨人軍的機會。

所幸野茂在下一場比賽對韓國完投九局五安打失一分、十一次三振，獲選該屆最佳投手，行情止跌回穩，也才有兩個月後日職選秀會八球團第一指名的歷史奇蹟。

總計野茂在一九八八至八九年效力國家隊期間，日本隊在國際賽（世界盃、奧運、亞錦賽）對中華隊四戰三敗。不過中華隊在亞錦賽又等了十二年，才在二〇〇一年第二十一屆再度擊敗日本。

PART 2

乘時而起的龍捲風

一九九〇年春，菜鳥野茂英雄前往九州宮崎縣日向市的近鐵春訓基地，
他在遠眺太平洋時說了一句話：「在這片海洋的彼岸，有我想打的棒球。」
雖然在那個年代，挑戰大聯盟根本是天方夜譚，
但野茂在心裡告訴自己，「我絕對不會輸給他們。」

6

八球團競合指名——仰木彬的幸運之手

一九八九年十一月二十六日在東京赤坂王子飯店舉行的第二十五屆日本職棒選秀會，是平成時代以來的第一次。這場選秀會不僅締造史無前例的紀錄，更永久改變日本職棒的歷史。

這也是日職選秀會史上第一次有電視實況轉播，當會場的大螢幕不斷打出「野茂英雄（新日鐵堺）」的名字時，這個畫面震撼了全日本棒球迷。

「剩」者為王！仰木彬的幸運之手

在此之前，日職選秀史上獲得最多第一指名的紀錄是六隊，分別是一九七九年的岡田彰布（加盟阪神）以及一九八五年的清原和博（加盟西

「如果你想進職棒測試自己的能力，在哪裡都是一樣的。」

——野茂英雄

INFO

日職選秀史上「最多球團競合指名」的選手

截至二〇二二年選秀會止，野茂英雄依舊保有八球團第一指名的最高紀錄。總計日職選秀史上共有九名選手曾獲六支球團以上競合指名，名單如下：（括弧內為選秀會年度／取得交涉權的球團）

八球團競合：野茂英雄（一九八九，近鐵）
　　　　　　小池秀郎（一九九〇，羅德）
七球團競合：福留孝介（一九九五，近鐵）
　　　　　　清宮幸太郎（二〇一七，日本火腿）
六球團競合：岡田彰布（一九七九，阪神）
　　　　　　清原和博（一九八五，西武）
　　　　　　大場翔太（二〇〇七，軟銀）
　　　　　　菊池雄星（二〇〇九，西武）
　　　　　　大石達也（二〇一〇，西武）

不過從「後見之明」的觀點，超過半數以上球團爭相指名，並不代表職業生涯註定飛黃騰達。包括小池秀郎、大場翔太、大石達也在內，這些選手進職棒後的成績都不如預期。

武）。但就在這一天，太平洋聯盟墊底的羅德海洋隊率先開始第一指名，一直到養樂多燕子隊為止，竟然連續六支球團都指名野茂，已然追平歷史紀錄。不久之後，歐力士勇士隊、近鐵猛牛隊也相繼第一指名，此時就連一向撲克臉的野茂也忍不住笑了。

「抽籤」一直是日職選秀制度中非常重要的一環。早期由於開放自由競爭新人選手，各球團砸錢競逐，導致補強經費逐年膨脹，再加上團隊戰力向豪門球團（如巨人、阪神）嚴重傾斜的惡果，為了「抑制經費」及「均衡戰力」，日本職棒在一九六五年導入選秀機制，之後歷經多次改革。

一九八九年當時的日職選秀制度是採取所謂的「競標選秀」，每一輪先由各球團提出指名人選，重複時以抽籤決定；未中籤者，奇數輪由戰績最差的球團依序指名遞補選手，偶數輪則改由戰績最佳的球團優先指名。

日本媒體將選秀會稱為「運命の1日」。當兩聯盟有多達三分之二的球團同時將命運押在野茂身上，寧可訴諸籤運也不作他人想，足可想見野茂的評價簡直頂天了。

第一輪的指名結果，除了巨人指名大森剛（慶應大學）、西武指名潮崎哲也（松下電器）、中日指名與田剛（NTT東京）、廣島指名佐佐岡真司（NTT中國）之外，其餘羅德、大洋、日本火腿、阪神、大榮、養樂多、歐力士、近鐵等八隊都指名野茂。

最終勝利女神向近鐵微笑，代表近鐵球團抽籤的仰木彬監督最後一個拿出信封，隨即興奮

INFO

小池秀郎：日職選秀史上另一名「八球團競合指名」的選手

一九九〇年，亞細亞大學左投小池秀郎追平前一年野茂所締造「八球團競合指名」的紀錄，有阪神、養樂多、羅德、中日、日本火腿、近鐵、廣島和西武在第一輪指名這位締造「東都大學野球聯盟」單季一一一次三振紀錄的左投手（一直到二〇〇七年，東洋大學投手大場翔太才以一一五次三振刷新這項紀錄）。

可悲的是命運無情的捉弄。小池在選秀會前告知羅德球探，即便羅德球團第一指名，他也會拒絕入團。結果羅德依舊第一指名而且還幸運中籤，被命運狠狠捉弄的小池忍不住當場悲憤落淚。

最後小池改加入社會人球隊松下電器，一九九二年締造日本業餘棒球史上首度完封古巴國家隊的紀錄，同年底以第一指名加盟近鐵。可惜由於社會人時代頻頻受傷，職棒生涯前四年只拿下慘澹的十五勝。

一九九七年「終於覺醒」的小池以單季十五勝六敗、防禦率二・九六獲得太平洋聯盟勝投王，可惜隔年（一九九八）又以七勝、防禦率六・八一大幅劣化。二〇〇五年引退時，職棒生涯僅累積五十一勝。

地高舉右手！

日本媒體形容最後中籤的仰木監督是「残り福」，意即「他人挑選後剩下的東西裡，有你想不到的幸運」，也有台灣俚語「好酒沉甕底」之意。正在觀看直播的野茂得知主場位於大阪的近鐵球團取得交涉權後，第一時間表達「如果能留在大阪就太好了……印象中仰木監督是親切包容的好人。」仰木監督也隨即在隔天到新日鐵堺拜訪野茂，「我迫不及待看他投球了。」

「任何球隊指名我，我都願意加入」

「八球團競合指名」的空前紀錄，對野茂來說完全出乎意料。當時部分職棒球探與媒體對他並不友善，例如《週刊棒球》就將他的「龍捲風」投球姿勢醜化為「背後投法」，因此野茂原本預期只有阪神、歐力士、近鐵等三支大阪當地球隊會第一指名他。

不過野茂從不限定自己要加入哪一支職棒隊，他在選秀會前一天這麼說：

「任何球隊指名我，我都願意加入。」

「如果你想進職棒測試自己的能力，在哪裡都是一樣的。」

這代表他加入職棒的決心，更是對自己實力的自信。事實上，一九八九年選秀會是「逆指名」盛行的一年，野茂以外的另一名看板球星——上宮高校畢業、曾被落合博滿認證「天分超越松井秀喜」的元木大介，就表明「非巨人不入」，而在巨人第一指名大森剛、他被大榮指名

之後，憤而到夏威夷當了一年「野球浪人」，直到隔年才如願以第一指名加盟巨人。

其他「逆指名」選手還包括：慶應大學強打大森剛宣示「非巨人第一指名不入」；漢城奧運當家捕手古田敦也「只想加入巨人和養樂多」；與野茂齊名的社會人投手潮崎哲也則說，「我心目中的球隊是西武，如果不是，我就留在公司（松下電器）。」

包括一九八五年紛紛擾擾的「KK選秀」事件在內，歷史上諸多「逆指名」的主角都是讀賣巨人隊。有日本媒體就認為「巨人至上主義」的成形，除了巨人軍的戰績與球迷意識之外，更與巨人選手高年薪、引退後再就業的便利性有關。但這些顯然不在野茂的考量之內，對他來說，職業棒球就是職業棒球，到哪裡都是一樣的；不論是加盟日本職棒或出國挑戰大聯盟，他都要憑實力開拓屬於自己的道路。

「有河西的地方，就有優勝」

成功的選秀背後，往往有一位偉大的球探，就算是「八球團競合指名」的野茂也不例外。而這位慧眼識「英雄」者，正是被譽為日職史上最偉大的球探之一、曾任阪神球探及近鐵球探部長的河西俊雄。

球界甚至有一種說法：「有河西的地方，就有優勝」。確實是如此，河西在阪神時期發掘藤田平、江夏豐、掛布雅之等明星球員，近鐵時期則協助球團選進大石大二郎、金村義明、小

競合指名野茂的其他七隊，後來呢？

一九八九年選秀會以第一指名競逐野茂的八支球團，最後由近鐵隊仰木彬監督幸運中籤。但近鐵並不是唯一笑著離開的球隊，其他七隊的遞補指名人選如下：

・大洋：佐佐木主浩（投手，東北福祉大）
・阪神：葛西稔（投手，法政大）
・養樂多：西村龍次（投手，YAMAHA）
・大榮：元木大介（內野手，上宮高　※未入團）
・羅德：小宮山悟（投手，早稻田大）
・日本火腿：酒井光次郎（投手，近畿大）
・歐力士：佐藤和弘（外野手，熊谷組）

毫無疑問，大洋是這七隊之中的大贏家。「橫濱大魔神」佐佐木主浩率領球隊在一九九八年奪下睽違三十八年的聯盟優勝與「日本一」，日美通算三八一次救援成功，被譽為史上最強守護神。

當然，其他球團也不是毫無斬獲。羅德投手小宮山悟是一九九七年洋聯防禦率王，日職生涯七度入選明星賽，還在二〇〇二年跨海加盟紐約大都會隊；養樂多投手西村龍次日職生涯前四年都拿下兩位數勝投，是野村克也監督時期先發輪值的要角。

野和義、阿波野秀幸、赤堀元之、野茂、中村紀洋、吉井理人等主力選手，對於一九八五年阪神「日本一」、一九八九年近鐵「洋聯優勝」都做出巨大貢獻。

日本球界暱稱河西為「鱉之河桑」，讚譽他頑強的談判能力，一旦被他咬中就不會鬆口。而將近四十年的球探經歷更讓他練就慧眼，最經典的案例就是日職生涯二〇六四支安打的阪神名將藤田平。

藤田平就讀和歌山市立和歌山商業高等學校時期就是知名的技巧型打者，在甲子園也有活躍的表現。但唯一的缺點是他太瘦了，一七七公分的身高卻只有六十四公斤，正因如此，時任大洋監督三原脩、南海監督鶴岡一人都對他表達高度興趣，最後卻還是放棄網羅。

不過河西獨排眾議，因為多年的球探經驗告訴他，男孩子最終會長成與母親相似的體型。根據他觀察藤田母親的身形研判，這樣的運動員通常會有結實的雙腿，最後證明他是對的。

河西的口頭禪是「**黃金就是黃金，青銅永遠不會成為黃金**」。他相信自己的直覺，第一次見面通常就決定是否網羅，近鐵兩大王牌投手——阿波野及野茂——就是最好的例子。

阿波野比野茂早了三年加入近鐵，身為左投，阿波野的強項在於犀利的滑球及牽制能力，但他柔弱文雅的氣質，常讓人懷疑是否能在弱肉強食的職棒界存活下來。

亞細亞大學四年級時的一場比賽，阿波野在牛棚待命，緊要關頭卻沒被教練召喚上場，他氣得把手套猛砸在圍欄上，怒罵「為什麼不讓我投？」看到這一幕的河西，直接認定他足以成為職棒選手。

另一個案例是野茂。許多職棒球探是在野茂成為新日鐵堺王牌投手後才決定爭取，但河西早在他高中時期就已經加以註記。河西的判斷如下：

一、這種怪異姿勢的選手常讓教練哭笑不得，很想砍掉重練卻又不敢。不過河西研判，野茂的投球機制雖然粗糙，但他的「馬力」卻足以駕馭。

二、野茂從高中到社會人都沒改變自己的投球姿勢，河西確信這種頑固的個性將是他在職棒生存的要件，因此毫不猶豫地將他列為第一指名。

身為球探，你不能只記得選手在場上犯錯的瞬間，什麼才是選手完整的樣貌，這就是球探的功力所在。

INFO

日本職棒史上最強的選秀梯隊

日職史上的「黃金選秀」首推一九六八年，一九八九年的「野茂世代」則緊追在後。有日本媒體列出史上最強的幾個「選秀世代」：

★一九六八年選秀

山田久志（阪急）、星野仙一（中日）、福本豐（阪急）、山本浩二（廣島）、

田淵幸一（阪神）、東尾修（西鐵）、大島康德（中日）、大橋穰（東映）、有藤通世（東京）、島谷金二（中日）、加藤秀司（阪急）、金田留廣（東映）、野村收（大洋）、水谷則博（中日）

★一九八九年：野茂世代

野茂英雄（近鐵）、佐佐木主浩（大洋）、古田敦也（養樂多）、新庄剛志（阪神）、潮崎哲也（西武）、佐佐岡真司（廣島）、前田智德（廣島）、小宮山悟（羅德）、橋本武廣（大榮）

★一九九六年

黑田博樹（廣島）、井口資仁（大榮）、松中信彥（大榮）、岩村明憲（養樂多）、大塚晶文（近鐵）、小笠原道大（日本火腿）、小坂誠（羅德）、和田一浩（西武）、森野將彥（中日）、谷佳知（歐力士）

★一九九八年：松坂世代

松坂大輔（西武）、上原浩治（巨人）、福留孝介（中日）、岩瀨仁紀（中日）、小林雅英（羅德）、藤川球兒（阪神）、福原忍（阪神）、新井貴浩（廣島）、金城龍彥（橫濱）

★二〇〇六年：マー君世代／手帕世代

田中將大（樂天）、前田健太（廣島）、坂本勇人（巨人）

至於二〇一九年選秀的「佐佐木朗希世代」，包括佐佐木朗希（羅德）、奧川恭伸（養樂多）、宮城大彌（歐力士）、紅林弘太郎（歐力士）、石川昂彌（中日）、西純矢（阪神）、及川雅貴（阪神）、堀田賢慎（巨人）等，未來將如何急起直追？拭目以待。

7

平成名勝負——清原和博的「直球對決」

一九九〇年四月十日，夕陽西照的藤井寺球場。

雖然是上班日，但開賽前球場就彌漫著不尋常的氣氛。從當天中午開始，近畿日本鐵道各線月台就不斷廣播「野茂先發」，許多上班族趕著下班湧進球場，只為了爭睹「黃金新人」野茂英雄的日職初登板，而這場比賽的現場觀眾人數多達兩萬三千人。

頂著「八球團競合指名」的光環，野茂以日職史上最高簽約金一億兩千萬日圓及新人最高年薪一千兩百萬日圓風光加盟近鐵。在此以前，新人選手簽約金的舊紀錄是八千萬日圓，分別是原辰德（巨人）、中島輝士（日本火腿）、清原和博（西武）、長島一茂（養樂多）。野茂還要求在入團契約條款中明訂「不得任意調整投球姿勢」。

但隔年球季伊始，野茂的狀況糟透了，他在三月七日熱身賽初登板就

「你必須用強力投球來回應強力打者，這才是棒球。」

——野茂英雄

被日本火腿狂轟三支全壘打丟掉四分，媒體當然不會放過大作文章的機會：

「野茂我看他單季只能拿個三到四勝。」

「球路只有直球和指叉球兩種，要想在職棒出人頭地，不徹底改造是不行的。」

開季前仰木彬監督問野茂「行不行啊？」野茂回答，「過去社會人時期，都市對抗賽預賽是從六月開始，到時我的狀況會漸入佳境。就算現在一開始遭到痛擊，也請不要改變我的投球姿勢。」

聽到野茂如此率直的回應，仰木監督也只能苦笑。等到六月？球季都快過一半了。

清原：拜託你去中央聯盟吧

近鐵開季第一個系列賽的對手正是西武。一九九〇年代初期的西武軍團被評為史上最強球隊之一：先發輪值由渡邊久信、工藤公康、郭泰源掛帥，七局以後換上杉山賢人、潮崎哲也、鹿取義隆輪番上陣守住勝利；打線則是各司其職，開路先鋒辻發彥上壘，二棒平野謙推進，三至五棒「AKD」砲秋山幸二、清原和博、迪斯多蘭（Orestes Destrade）一棒就能先馳得點，再加上打線後段的石毛宏典、伊東勤、田邊德雄，雄獅軍團從一九九〇年開始連續五年稱霸太平洋聯盟、連續三年「日本一」，王朝就此成形。

果不其然，控球沒進入狀況的野茂，一開賽就對辻投出四壞，平野觸擊製造失誤上壘，秋

INFO

「野茂世代」的最佳九人

一九八九年選秀會被日本球界譽為「大豐作」的一年，共有四名選手退休後入選「名球會」。除了野茂之外，其餘三人分別是古田敦也（養樂多第二指名）、佐佐木主浩（大洋遞補第一指名）、前田智德（廣島第四指名）。

至於挑戰大聯盟的選手則包括野茂、佐佐木、小宮山悟（羅德遞補第一指名）、新庄剛志（阪神第五指名）、柏田貴史（巨人，選秀外）。

有日本媒體選出一九八九年「野茂世代」的最佳九人，名單如下：

第一棒（二）　種田仁
第二棒（三）　馬場敏史
第三棒（右）　前田智德
第四棒（一）　石井浩郎
第五棒（捕）　古田敦也
第六棒（中）　新庄剛志
第七棒（左）　吉岡雄二
第八棒（游）　南淵時高
第九棒（先發投手）　野茂英雄
（救援投手）　佐佐木主浩

山再獲四壞。無人出局滿壘，走上打擊區的是西武當家第四棒清原和博。

職棒第五年的清原，正要從西武的第四棒邁向全日本的第四棒，年僅二十三歲的他在同年底成為日職史上最年輕的「年薪一億日圓選手」，不過事實上他只比野茂大了一歲。有趣的是，兩人同樣出身大阪，但高中大一屆的清原卻沒聽過野茂的名字。當高中三年級的清原正與桑田真澄並肩作戰、率領ＰＬ學園力拼「全國制霸」的同時，成城工默默無聞的二年級生野茂雖然也曾因地區預賽一場「完全比賽」而登上全國版面，但想當然爾，清原並沒有把這樣的紀錄、這樣的對手放在眼裡。

「我認識野茂是在兩年前，」清原回憶說，「當時我們在客場遠征，我回旅館房間打開電視，剛好看到漢城奧運的棒球金牌戰，畫面正中央是一名投手與美國隊的大塊頭打者對決……沒想到大阪竟然出了這樣的投手！」

一年後，野茂在選秀會獲得史上最多「八球團競合指名」，電視機前的清原忍不住在心裡默禱「拜託你去中央聯盟吧！」

用力量一決勝負，這才是棒球

滿壘，無人出局，球數兩好一壞，面對打擊區淵停嶽峙、高高舉起木棒的清原，野茂抬腿、扭腰，轉身面對外野，接著手臂旋轉、伸展，縫線球離手。前三球都投速球的野茂，這一

球總該投指叉球了吧？

清原猛力揮擊，球棒劃破空氣，揮棒落空！野茂職業生涯第一次三振到手，日美通算超過三千次三振的旅程，就從這一球正式開始。

揮空三振後，清原反射性地轉頭看向投手丘，一臉不可思議的表情。賽後被問到是否誤判為指叉球才揮空？他答得坦白，「我完全不考慮指叉球，就是鎖定直球揮棒。」

野茂也是同樣的想法，「在對戰清原桑時，我全部投直球，最後拿下三振。原來這就是職業比賽，能夠進行一場力與力的對決，實在是太棒了。」

難道不想用招牌指叉球引誘對手揮空嗎？野茂霸氣反問，「面對一個等待直球的打者，為什麼還要投直球？因為你必須用強力投球來回應強力打者，這才是棒球。」

直球對決的背後，隱藏了一個令人意外的事實：野茂三振清原的這一球球速還不到一四〇公里，但強大如清原為什麼打不到？對清原來說，野茂的「龍捲風投法」正是關鍵，「我看不到他的放球點。白球被隱藏在他身體後方，等到再次出現時，球已經近在眼前！」

山崎夏生的主審視角

在太平洋聯盟執法長達二十九年、累計一四五一場比賽的資深裁判山崎夏生，正是這場比賽的主審。他在退休後接受日媒《Full-Count》專訪時回憶說：

「野茂vs清原，不只是十八．四四公尺間的勝負，更像是兩名武士持刀對砍。面對打擊區的清原，野茂選手雖然還是維持一貫的撲克臉，但他的眼神明顯不一樣；清原選手則是無論如何都要打到野茂的直球，無視曲球或指叉球，而是對於狙擊直球滿滿的渴望。」

「從主審視角近距離觀察兩人的投打對決，連我都不自禁微微顫抖。」

對於野茂能以不到一四〇公里的速球讓清原揮空三振，山崎則從「體感球速」的角度去解釋：

「在我看來，要說日本職棒最強力的速球，除了前羅德隊的伊良部秀輝選手和野茂選手之外，不做其他人想。論球速，野茂的速球極速大約是時速一五一或一五二公里。但棒球不是測速槍的世界，而是體感球速的世界。」

「即便其他投手能飆出時速一五五、甚至一六〇公里速球，但從打者視角，野茂的速球感覺更快。而且兩人（野茂和伊良部）的共通點是體型高大，更讓打者有近距離的壓迫感。」

「此外則是球的轉速。野茂的速球轉速快，下墜幅度小，讓他的速球在打者眼中彷彿帶有上飄的尾勁。」

「職業棒球是技術的世界，體感速度的世界，並非只有數字而已。當你透過主審的視角，可以很清楚地觀察到這一點。」

「傳說中的剛速球投手澤村榮治（巨人），以及早期許多打者口耳相傳的速球王尾崎行雄

（東映，現日本火腿），直到現在他們的球速仍是球界討論的話題。但當年沒有任何球速的數字保留下來，我認為這或許也是一種幸運吧！就讓傳說歸傳說，僅供想像，不也很好嗎？」

直球對決：「平成名勝負」最極致的美感所在

雖然三振清原，但野茂終究沒能躲過下一棒的迪斯多蘭，一支高飛犧牲打被攻下第一分；四局上半平野適時安打，六局上半伊東、辻等打者再一陣亂棒，終場野茂就以先發六局被打出七支安打失五分（四分自責分），三振、保送各七次，吞下生涯首敗，勝利投手則是「東方特快車」郭泰源。

野茂的職業生涯初三振，為他與清原長達五年的「平成名勝負」揭開序幕，一九九〇年兩人的對戰紀錄是二十五個打數十支安打，打擊率四成，包括三支全壘打，看似清原取得絕對優勢，但兩人之間的對抗存在一種無法單純以數字表達的美感。

身為雄獅軍團的頭號目標，西武隊在野茂先發當天的賽前會議總是開得特別久。守備及跑壘教練伊原春樹擅長破解投球小動作，「當野茂高高舉起手套時，你可以從他背後窺見他伸進手套持球的右手腕，再從他手腕彎曲的角度，判斷他要投直球還是指叉球。」

尤有甚者，比賽開始後，站在三壘指導區的伊原教練如果看出野茂要投指叉球就會大叫，近鐵三壘手金村義明還曾經對伊原教練大吼：「球不要打得這麼髒！」

不過這些暗黑的伎倆，顯然不是西武主砲秋山和清原所期待「堂堂正正」的對決。在二○二○年《Sports Graphic Number》雜誌專訪中，秋山曾經形容野茂「以前所未見的高放球點，投出只有縱向旋轉的來球。直球和指叉球的軌跡與旋轉完全相同，無法區分」，這項困擾明顯反映在對戰成績上：明星賽前秋山對野茂的十五個打數只有兩支安打，打擊率僅一成三三，還吞下七次三振。但如果可以從投球小動作去破解野茂的球種呢？秋山搖頭了，這不是他想要的方式。清原也有同樣的想法，這位西武的四番甚至在賽前會議打瞌睡。

有趣的是，當事人野茂知道自己洩漏球種嗎？事實上他是知道的。西武打者平野謙在破解野茂的投球動作後專抓速球打，生涯累積二十五個打數九支安打，打擊率高達三成六○。

一九九四年平野轉戰羅德隊後曾經私下提醒野茂這件事，沒想到野茂雲淡風輕地回答，「平野桑，請你照這樣打吧！反正海洋隊打線無論如何是連貫不起來的。」

「你要打就打吧！」這就是野茂固執的個性。他不屑於對手的暗黑伎倆，無意為此改變自己；同理，清原也不願為了贏球而不擇手段。對照現代棒球流於進階數據及影片分析的高科技競賽，野茂與清原猶如日本武士「一刀即死」的對戰方式，看似與時代潮流背道而馳，卻是「平成名勝負」最極致的美感所在。

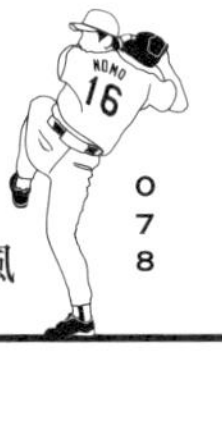

「從野茂手中打出全壘打，是我這輩子無法忘懷的回憶」

野茂與清原的「平成名勝負」始於一九九〇年野茂的日職初登板，在他一九九五年挑戰大聯盟之後劃下句點，總計一一八個打數四十二支安打，打擊率三成五六、十支全壘打，三振與四壞各三十四次（包括一次敬遠）。

在兩人歷次投打對決的影片中，不時可以看到野茂搖頭否定捕手的配球，隨即以直球 決勝負。但問題來了：到底「直球對決」是由捕手主導配球？還是野茂？

當事人野茂如此回應，「直球對決有一半來自捕手光山英和的暗號，即使我想投指叉球，但光山還是會打暗號要直球。因為光山是清原迷，他告訴場邊攝影師，只要清原打出全壘打，就把這張照片做成大型海報，這樣他自己就能出現在海報的背景裡了。」

聽起來像不像是在開玩笑?!

不過根據同時期近鐵主力三壘手金村義明的證詞，有好幾次野茂「直球對決」被對手痛擊之後，捕手光山一回休息區就被仰木監督劈頭痛罵「別老是直球對決了啦！」但金村從三壘防區的角度觀察，其實多數時候是野茂搖頭否決捕手的暗號，讓光山背了黑鍋。而光山後來受訪也證實「就算你打指叉球的暗號給他，他還是投直球」。

所以無論是野茂也好，清原也好，或許在兩人內心深處，只要對上彼此，棒球就變成披著團隊比賽外衣的「男子漢對決」了吧！

在野茂離開日本球界之後，清原一直在追尋與野茂直球對決的幻影，二〇〇五年四月二十一日的「東京巨蛋暴言事件」就是一例。這場阪神與巨人之戰，阪神在七局下半以十比二遙遙領先，上場打擊的是生涯累計四九九轟的巨人打者清原。由於隔天巨人即將展開客場征戰，清原亟欲在主隊球迷面前完成生涯第五百支全壘打，因此他將這個打席視為最後的機會；同時間阪神監督岡田彰布也換下先發投手井川慶，改派火球男藤川球兒中繼登板。

藤川先以直球取得兩好球球數領先，接著連投三顆沒掉進好球帶的變化球。兩出局滿壘，滿球數，正當全場屏息以待之際，藤川下一球投的是外角偏低的指叉球，一心等待直球的清原揮了個大空棒。

三振出局的清原氣得追問藤川「為什麼不投直球對決？比數是十比二啊！」也許是回憶起過去勇於直球勝負的野茂與伊良部，盛怒之下的清原以不雅字詞辱罵藤川，而這些新聞禁語在隔天登上日本各體育報的頭版標題，球界一片嘩然。

「直球對決」一直是清原的想望。一九九〇年四月十日被野茂「職業生涯初三振」之後，清原不吝稱讚對手「今天是七千萬日圓的野茂，只要他再拿出五千萬日圓的實力（編按：野茂加盟近鐵的簽約金為一億二千萬日圓），一定能壓制全場。很厲害的投手喲！」同年八月五日，清原在西武球場將野茂的一四一公里速球打成左中外野全壘打，成為史上最年輕的「生涯

一百五十轟」打者，賽後他高興地說「從野茂手中打出全壘打，是我這一輩子無法忘懷的回憶。」

老兵不死，只是凋零。二〇〇八年八月，當時效力歐力士、大小傷勢不斷的清原發表引退宣言，同年十月一日歐力士的最後一場季賽、在主場大阪京瓷巨蛋對上軟銀，就成為他的引退賽。賽前，時任軟銀首席教練的西武老戰友秋山幸二特地下達指令，要求自家先發投手杉內俊哉對上清原時必須「全直球勝負」，因此杉內全場對戰清原的十八球全部都是直球，清原也在六局下半打出一分打點的深遠二壘安打，讓自己在引退賽不留遺憾；最後一個打席則是以豪邁的揮空三振，結束長達二十三年的職業生涯，更是一個時代的結束。

賽後的引退儀式上，清原出場應援曲《とんぼ》（小虎隊翻唱為《紅蜻蜓》）的原唱人長渕剛親自到場獻唱。當長渕撥動吉他弦、熟悉的前奏響起，清原忍不住以毛巾掩面，等到現場三萬多名觀眾一遍又一遍反覆合唱副歌時，四十一歲的他已經哭得不能自已了，只能緊閉顫抖的雙唇，努力忍住淚水決堤。

題外話，二〇〇五年球季結束後遭巨人釋出的清原，因為前歐力士監督仰木彬的一通電話，而與野茂、一朗同樣成為「仰木門下生」。二〇〇八年清原這場引退賽，當時效力西雅圖水手隊的一朗在大聯盟球季一結束就專程趕回來參加，巧合的是，可敬的對手野茂也在同年稍早（七月十七日）宣布引退。

能看到野茂、清原、一朗這三位子弟兵波瀾壯闊的野球人生，相信人在天國的仰木監督也會微笑的。

8

門田博光的「男子漢對決」；單場十七K首勝

一九九〇年四月十九日，日生球場。

這是野茂英雄職業生涯的第二場比賽，對手是歐力士勇士隊（隔年更名為藍浪隊）。

前一場慘遭王者西武KO，野茂這天一開賽就對歐力士前三棒松永浩美、弓岡敬二郎、布馬（Boomer Wells）連續投出三次三振。與此同時，場邊等待上場的四棒打者門田博光卻在心裡默默祈禱「不要打！千萬不要打！」

到底怎麼回事？

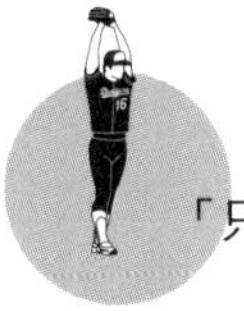

「只要你夠努力，神佛也會站在你這邊。」

——門田博光

INFO

球衣背號十一號的進化史

野茂在近鐵時期的球衣背號是十一號。

有人形容球衣背號是選手的另一張臉。依照日本職棒球衣背號的傳統，一至十號通常代表野手，投手則是從十一號開始排序。因此在球衣背號的順位上，十一號等同投手群的排頭，自然被賦予王牌投手的象徵意義。

一般認為一九五〇年代日本職棒分立為兩聯盟之後，十一號才開始成為投手的代表背號，生涯三一〇勝的巨人強投別所毅彥是代表人物；一九六〇年代與「棒球先生」長島茂雄分庭抗禮的阪神強投、第二代「老虎先生」村山實，球衣背號十一號被阪神球團永久退休；此外，被譽為「一九九〇年代最強Ace」的巨人投手齋藤雅樹也長期穿著十一號球衣。

至於野茂則讓十一號從「球隊王牌」進化為「世界王牌」。因為在他之後，跨海挑戰大聯盟的大塚晶文（近鐵）、川上憲伸（中日）、齋藤隆（橫濱）、達比修有及大谷翔平（同為日本火腿），他們在日職時期的球衣背號也都是十一號。這讓十一號成為「跨海挑戰的右手剛腕Ace」的代名詞。

門田：只要你夠努力，神佛也會站在你這邊

這要從前一年休賽季開始說起。在野茂確定以選秀會第一指名加盟近鐵之後，四十一歲的門田四處向記者打聽：「你覺得野茂怎麼樣？」

「我問的十個記者有八個告訴我『他很厲害』。根據我的經驗，如果十個人有五個說厲害，那通常沒什麼大不了；但十個人有八個都這麼說野茂時，我心想『這是個真正的大物』。」門田說。

於是門田就在心裡告訴自己，「野茂職業比賽的第一支全壘打，就由我來打吧！」從這一天開始，門田每天清晨獨自拎著球棒進行「假想敵．野茂英雄」的特訓。

被日本媒體尊稱為「稀代打擊職人」的門田，日職生涯通算五六七支全壘打、一六七八分打點，雙雙高居史上第三名，二五六六支安打則是史上第四名。打從職業生涯初期，門田就堅持以狙擊全壘打為目標。有別於傳統棒球智慧認為「全壘打是安打的延伸」，門田卻反其道而行，他堅信「安打是沒打好的全壘打」；尤其是一九七九年右腳阿基里斯腱斷裂之後，他更加貫徹每次上場都要把球轟出大牆的決心，因為「打出全壘打才不會對腳造成負擔，所以從現在開始，我的目標是全打席開轟」。

一九八八年，四十歲的門田以四十四支全壘打、一二五分打點拿下太平洋聯盟打擊二

冠王，生涯首度獲選聯盟MVP（至今仍是史上最高齡的紀錄），媒體稱呼他是「不惑的大砲」、「中年之星」。不過隨著同時期的天王巨投江夏豐（阪神）、鈴木啟示（近鐵）、山田久志（阪急）、東尾修（西武）相繼退休，「拔劍四顧心茫然」的門田不禁倍感孤寂。

就在此時，野茂出現了。記者告訴門田，野茂的速球球速超過一百五十公里，還有一顆媲美羅德大投手村田兆治的指叉球，門田的鬥志再度被燃起。

或許吧！隨著時光流轉，門田年紀漸長，揮棒速度也慢了，但門田還是門田，依舊是那個遇強則強、鬥志昂揚的門田。

為了打出野茂職業生涯的第一支全壘打，過去使用一千公克「重量級」球棒的門田，特別訂製重量僅九百二十公克的木棒，這是他所能找到最輕的，目的是加快揮棒速度、跟上野茂的速球；除此之外，家住奈良的他十二月中旬提早前往春訓基地，在附近商借一座高爾夫球場，每天清晨五點半，天色破曉之前，他就已經開始在球場跑步。

「面對從來沒在一軍登板過的投手，我這樣一個身經百戰、高齡四十歲的歐吉桑，為什麼還要吃這麼多苦？這是我一開始問自己的問題。」

「但是呢，無論你如何久戰沙場，單憑老謀深算是無法戰勝真正的大物。我們處在一個不斷戰鬥的職業世界，如果你不能以嶄新的思維從頭開始，必敗無疑。」

「只要你夠努力，神佛也會站在你這邊。在優勝劣敗的世界裡，只有修練方式異於常人，

你才有機會勝出，因為神佛不會站在平凡的人那邊，就這麼簡單。」

默數「一、二、三」的豪快揮棒

熱身賽腳步日近，門田終於有機會看到野茂投球的錄影帶，當下他驚呆了，頓時就像洩了氣的皮球，「我怎麼有可能從這樣的投手手中打出全壘打？」

不過在心情沮喪的同時，門田的雄心與鬥志卻也更加強烈，「我已經在暗夜、在雨裡、在雪地裡跑了一個半月，如果野茂職業生涯第一支全壘打不是我打的，就算神佛也不會原諒我。」

每天跑完步之後，門田就以野茂為假想敵，反覆練習揮棒。面對與鈴木啟示同為近鐵速球派投手的野茂，門田採取相同的攻略，他在心裡默數「一、二、三」然後揮棒。

一九九〇年四月十九日，門田終於迎來與野茂的生涯初對決，當時野茂二十一歲，門田則是四十二歲。

一局上半，歐力士前三棒依序上陣，門田不斷在心裡默唸「不要打……千萬不要打……。」

二局上半輪到門田率先上場打擊，野茂一開始連續兩顆速球都沒投進好球帶。兩壞球沒有好球，打者球數絕對領先，門田知道機會來了。下一球，他默數「一、二、三」之後豪快揮棒，小白球以完美的弧度落入右外野看台觀眾席。

門田說，當時他的腦中不存在指叉球。他的解讀是：面對年長的打者，對方投手料定他的揮棒速度跟不上速球，因此一開始一定會以速球伺候。

這就是年上打者的智慧！

過去五個月來，門田每天以輕量球棒苦練揮棒速度、心裡默數「一、二、三」的打擊節奏發揮效果，最後完全如他預想，打出野茂職業生涯的第一發全壘打；另一方面，野茂在這支全壘打之後陣腳大亂，單場狂丟七分退場（儘管投出十二次三振）。

就如前述，野茂與清原的投打對決後來稱為「平成名勝負」，至於野茂與門田的對決則因為發生在門田生涯晚期，所以始終沒冠上「名勝負」的封號。儘管如此，門田對野茂的競爭心完全不亞於任何人；而且換個角度想，能讓職業生涯超過五百轟的老將如此認真對待，更證明野茂不是普通的新秀。

「直球對決」是對賢拜最高的敬意

野茂職業生涯前三場比賽投得荒腔走板，防禦率高達七・〇二，還吞下兩敗。球界與媒體的各種批評紛至沓來：

「這種投球姿勢是絕對沒辦法好好控球的。」

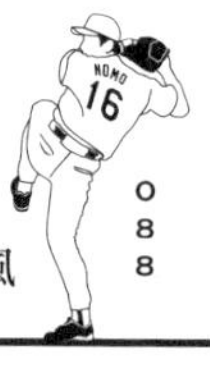

「在壘上有跑者時投球，很容易被盜壘。」

「球種都被看光了。」

固執的野茂不想改掉「龍捲風投法」，他將外界的批評轉知教練團，並告訴仰木監督，他有三種不同下墜幅度的指叉球，而且在壘上有跑者時能快速投球，言下之意是他不在乎外界的批評，絕不為此改變自己。只是即便連老謀深算的仰木監督也有扛不住壓力的時候，近鐵當家三壘手金村義明就透露，在野茂第三場登板之後，仰木監督曾經怒斥野茂「給我振作起來！」這是仰木唯一一次對野茂發火。

所幸一切的壓力，終於在仰木監督五十五歲生日這一天撥雲見日，「龍捲風傳說」正式揭開序幕。一九九〇年四月二十九日，野茂職棒生涯的第四次登板再度對上歐力士，近鐵新洋將特拉伯（Jim Traber）賽前特別提醒他「**投球前想想自己的投球節奏**」；捕手搭檔山下和彥則一再提醒野茂不必在意投球數，即便被打安打也要全神貫注投下一球。

開賽後，特拉伯單場雙響砲，包括他在日職的首轟，帶動猛牛打線全場攻下十五分；至於野茂當天的指叉球狀況奇佳，先以極速一四四公里的速球搶好球數，再以指叉球為決勝球。八局結束後野茂累積十四次三振，等到第九局連續三振熊野輝光、弓岡敬二郎、福原峰夫等三名打者之後，他追平一九六二年足立光宏（阪急）單場十七次三振的日職紀錄，也拿下職棒生涯首勝。

必須說，兩週前門田對新人野茂的洗禮，造就他的快速成長，他才得以在二度對戰歐力士的比賽脫胎換骨，投出單場十七次三振的神級戰役。

野茂與門田的故事還沒完。一九九二年十月一日，轉投大榮鷹隊的門田職棒生涯最後一場比賽，對方先發投手正是野茂。

就在門田走進打擊區的當下，近鐵捕手光山英和低聲告訴他，「三球決勝負，全部都是直球哦！」

野茂使出渾身解數連投三顆速球，門田則卯足全力連揮三次大棒，結果分別是揮空、界外、揮空三振。雖然已經四十四歲，但門田追求全壘打的意志沒有絲毫改變，而野茂也以「直球對決」表達對賢拜最崇高的敬意。

無怪乎門田在賽後沒有遺憾地說，「最後，是個漂亮的三振出局！」

INFO

日本職棒史上的單場三振次數排行榜

野茂在一九九〇年四月二十九日對歐力士投出職業生涯首勝，同時以單場十七次三振追平日本職棒紀錄。截至二〇二二年為止，這項紀錄仍然高居史上第三名，列表如下：

★單場十九次三振：

野田浩司（歐力士）／一九九五年／對羅德

佐佐木朗希（羅德）／二〇二二年／對歐力士

★單場十八次三振：

田中將大（樂天）／二〇一一年／對軟銀

★單場十七次三振：

足立光宏（阪急）／一九六二年／對南海

野茂英雄（近鐵）／一九九〇年／對歐力士

野田浩司（歐力士）／一九九四年／對近鐵

9 「K博士」的誕生；落合博滿的心理戰

一九九〇年四月二十九日以單場十七次三振追平日本職棒紀錄，並拿下職業生涯首勝之後，野茂英雄在下一場先發、五月八日對上大榮的比賽，以一百八十球完投、飆出十四次三振；休息四天後，五月十三日再對歐力士投出一百二十二球完投勝、單場十二次三振。連三場比賽累積四十三次三振，而且場場完投，野茂旋風正式席捲全日本。

五月二十六日，近鐵球團正式宣布將野茂的投球姿勢命名為「龍捲風」，同時間媒體和球迷開始以一九八〇年代中期大聯盟三振王古登（Dwight Gooden）的綽號「K博士」（Dr. K）來稱呼他。而在野茂登板主投的比賽，場邊有愈來愈多球迷高舉寫有英文字母「K」的牌子。

不過野茂並不喜歡公眾聚焦在他的三振次數上。每當被問及三振的話題時，他總是回答「我沒意識到自己的三振次數，只想為球隊贏球」、

「我沒意識到自己的三振次數，只想為球隊贏球。」

——野茂英雄

「三振只是結果，球隊的勝利才是最重要的。」

總計野茂在一九九〇年新人球季的二十九次登板有多達二十一場完投，二三五局狂飆二八七次三振，刷新日本職棒下列三振紀錄，「K博士」絕非浪得虛名：

・連續五場比賽投出兩位數三振（日職新紀錄）。
・單季二十一場比賽投出兩位數三振（日職新紀錄）。
・單季每九局平均十・九九次三振（日職新紀錄）。
・開季前十次登板累計一百次三振（日職新紀錄）。
・新人球季投出二八七次三振（太平洋聯盟新紀錄）。

立花龍司的體能訓練

新人球季投球局數二三五局、面對九七五名打者、二十一場完投、二八七次三振、一〇九次四壞，這些都是聯盟之冠。至於下面這個數字最驚人：猜猜看，野茂當年度在比賽中投了多少球？

答案是三千八百二十五球！

易言之，野茂當年度二十九次登板（包含兩場中繼），平均每場用球數高達一百三十二球。與野茂搭檔的捕手光山英和就說：

日本職棒史上「最快單季百K」

截至二〇二二年為止，日本職棒史上共有四名投手「單季前十次登板累計至少一百次三振」，名單如下：

‧野茂英雄（近鐵），一九九〇年，七十八又三分之二局達成一百次三振

‧金子千尋（歐力士），二〇一四年，七十七局達成一百次三振

‧則本昂大（樂天），二〇一七年，七十三又三分之二局達成一百次三振

‧佐佐木朗希（羅德），二〇二二年，六十五又三分之二局達成一百次三振

若比較投球局數，佐佐木朗希是日職自一九五〇年分立為兩聯盟以來，以最少局數達成單季一百次三振的先發投手。他面對兩百四十五個打席投出一百次三振，換言之，有超過四成的打者都被他三振出局，每九局三振數則高達十三．六四次。

「雖然現在很難想像，但野茂一直是個投球數極高的投手。對他來說，投一休四或投一休五，每次投一百五十球，這是稀鬆平常的。」

「他是個熱愛棒球的選手，只要站上投手丘，就想一直留在場上奮戰。他不會因為自己疲累或用球數超過一百五十球，就要求退場休息。」

「我認為是責任感使然，他總是有強大的意志力想投到最後一名打者。」

光山認為野茂與一般投手最大的不同，在於他的「精神力」，「不光是我，我們所有野手都有同樣的想法：『只要野茂登板投球，我們絕對會贏！』」

當然，如此耐投的野茂絕對不是只靠意志力支撐，體能教練立花龍司扮演極為關鍵的角色。一九八九年立花加入近鐵球團之前，近鐵投手群的訓練菜單只有跑步和投球，一九八四年選秀會以第一指名加盟近鐵的投手山崎慎太郎回憶說，「在立花桑來近鐵之前，我們沒有任何重量訓練。重訓室唯一的器材是一台臥推椅，上面布滿灰塵與鐵鏽。當時幾乎沒有球團在做重量訓練，重訓室簡直成了休息區。」

在成為近鐵體能教練之後，每年球季結束後立花都會自費到大聯盟學習肌力訓練與復健療程。立花為每名選手制訂詳細的訓練菜單，在野茂、吉井理人、佐野重樹、高柳出己等人的推動之下，每天一邊做重訓一邊問隊友「你今天舉了幾公斤？」突然成為近鐵投手群之間既熱血又有趣的事。

立花還為先發投手群引進「諾蘭・萊恩飲食法」。大聯盟史上三振王、職棒生涯長達二十七年的萊恩除了是倡導重量訓練的先驅者之外，他也注重飲食管理。原則上，先發投手從登板當日到下次登板的三天前以食用肉類為主，之後則改為碳水化合物。

野茂從來不是墨守成規的個性，他那離經叛道的「龍捲風投法」就是證明。比立花晚一年入團的野茂，非常熱中於美國最新的重量訓練及飲食管理理論與實務，即便兩人先後從近鐵退團，但野茂依舊持續接受立花的指導，這也為他在一九九〇至一九九三年間連續四年稱霸太平洋聯盟勝投王與三振王，奠定良好的體能基礎。

題外話，立花教練帶給近鐵球團和野茂的衝擊不只在於體能訓練方式，更顛覆日職傳統的訓練思維。相較於大聯盟重視選手自發性的努力，日本則不論職業或業餘都充斥團體訓練，團體訓練的目的在防止少數人怠惰偷懶，但是對獨立思考的選手不啻是一種扼殺。因此立花認為「一生懸命的選手會想去美國發展」，野茂、一朗就是最好的例子。

落合博滿的「舌戰」

上半季結束，菜鳥野茂戰績十勝五敗、防禦率二・八七、一六三次三振暫居聯盟三振王，勝場數及勝率則僅次於渡邊久信（西武）排名第二，實至名歸地以最高票入選明星賽。

七月二十四日在橫濱球場舉行的明星賽首戰，九局下半一出局，後攻的央聯明星隊輪到原辰德、落合博滿等中心打者上場，洋聯明星隊監督仰木彬似乎預見了全場球迷的期盼，他微笑著走進場內宣布更換投手。

「投手，野茂！」

球場廣播的同時，牛棚大門開啟，野茂搭乘牛棚車（Bullpen car；リリーフカー）進場，整座球場歡聲雷動。

野茂帶著微笑走上投手丘，但當打者走進打擊區對峙的一瞬間，他立馬切換為撲克臉。面對央聯最具威脅性的兩名強打，野茂的指叉球先被原掃成左外野邊線附近的二壘安打，接下來則連續投了六顆速球，讓落合打成右外野飛球出局後退場。

不過故事的重點在於隔天（七月二十五日）福岡市平和台球場的第二戰，港片「賭神」中「年輕人終究是年輕人，太衝動了」、「年輕人，是你還不夠爐火純青」的劇情，活脫脫出現在日職明星賽場上，年僅二十一歲、年輕氣盛的野茂，陷入落合的「舌戰」卻不自知。

起因是明星賽前，落合被媒體問到他對野茂的印象，落合脫口而出「年紀輕輕卻像個老人投手，只會丟一堆下墜的指叉球。」隔天這句話登上各大體育新聞頭版。據報導，野茂看到之後只是笑了笑，不過不難想像，當下他的心情想必很不是滋味。

「被三十六歲的老將嫌棄『丟老人球』？好，我就讓你嘗嘗我火球的厲害！」（模擬野茂內心的OS）

因為落合成功的心理戰，野茂在明星賽首戰對上落合刻意以全速球攻略，最後讓落合打成飛球出局（事實上是落合不想被保送而揮打壞球）。隔天的第二戰則是重頭戲，兩聯盟球迷票選最高票、而且都是當年度的新人投手——與田剛（中日）、野茂——分別擔任央聯與洋聯明星隊先發投手。

落合首打席擊出游擊飛球出局。二局下半與田先遭重擊，清原一棒將球夯出左中外野全壘打牆外，洋聯明星隊先馳得點以一比〇領先。

三局上半央聯明星隊的反攻，兩出局二壘有跑者，輪由落合打擊。落合上場前先走到中日後輩與田身邊耳語，「今天你拿不到MVP了，但也不會是野茂。」落合低聲說。

什麼意思？幾分鐘後落合用手中的木棒說出答案。面對落合，球數一好三壞落後的野茂再度陷入「投指叉就是老人球」的迷思，被迫以直球決勝負。這回落合不演了，他不但看透年輕人野茂的心思，來球更是看得一清二楚，大棒一揮，小白球直飛左外野看台，逆轉兩分彈！

老謀深算的落合贏得與野茂的「直球對決」。雖然最後MVP是頒給單場雙響砲的清原，但落合的「舌戰」卻成為日職明星賽史上經典而雋永的名場面。

超越勝負的感動

「直球對決」是棒球術語，原意是指投手以快速直球與打者對決，時至今日，這已成為網路流行語，泛指「直截了當、正面對決的行動方式」。用在說話方式上，「直球對決」指的是開門見山、直言不諱、不拐彎抹角；男女感情的「直球對決」，則是指當面告白。

「直球對決」一定是好的嗎？職場或人際未必如此，在棒球場上更要打個大問號。我們常說最上乘的投球是「很壞的好球」和「很好的壞球」，目的是讓打者不出棒是好球，出棒也打不好；申言之，「配球」的奧義無非是要讓對手「猜不到」或「打不好」，亦即在鬥智的過程

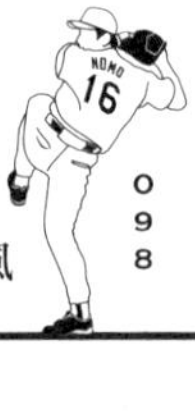

中，投手盡可能攻打者猜不到的球種及進壘點，或是讓打者即使猜得到，但出棒也打不好。

面對清原、門田、落合這三名生涯都超過五百轟的偉大打者，菜鳥野茂能被指名為對手，這是莫大的榮幸；而野茂捨棄招牌指叉，只以直球對決，則是更大的勇氣。只是在「直球對決」的同時，投手將個人勝負置於團隊戰績之上，此間對錯就有待商榷了。

毫無疑問的是，三十年後的我們或許已然忘卻、也全然不在乎那場比賽的勝敗或比分，但投打對決的這一幕卻成為永恆，為什麼？

因為「直球對決」闡述的是日本文化最核心的武士道精神。也因為如此，從上古神獸時代的「澤村榮治對決貝比魯斯」，到昭和時代的「長島茂雄vs村山實」、「江夏豐vs王貞治」、「江川卓vs掛布雅之」，幾乎成為各個年代的縮影。

一九八九年一月八日改元平成之後，「野茂英雄vs清原和博」、「野茂英雄vs落合博滿」為「平成名勝負」揭開序幕，「伊良部秀輝vs清原和博」、「松坂大輔vs鈴木一朗」、「石井一久vs松井秀喜」繼之而起，其後「日本・鈴木一朗vs韓國・林昌勇」（二〇〇九年WBC冠軍戰）、「天使・大谷翔平vs水手・菊池雄星」更躍上世界舞台。

回顧昭和時代，投打對決的個人勝負往往超越團隊成敗，一九六〇年代漫畫《巨人之星》就是一例。《巨人之星》的主題雖為棒球，實則貫徹「以打倒對手作為唯一生存意義」的格鬥精神，同時期巨阪戰中「長島茂雄vs村山實」、「江夏豐vs王貞治」則是這種精神的體現；時至一九八〇年代以降，野村克也、森祇晶重視數據與情報的組織戰蔚為主流，野茂的「直球對決」雖然看似背離時代潮流，卻讓許多球迷重溫這種超越勝負的感動。

INFO

日本職棒史上最強新秀投手

日本《週刊棒球》在二〇一八年選出日職史上十大新秀投手，名單如下：

1. 尾崎行雄（東映，一九六二年）：二十勝九敗，防禦率二．四二，一九六次三振
2. 山口高志（阪急，一九七五年）：十二勝十三敗，防禦率二．九三，一四九次三振
3. 堀內恒夫（巨人，一九六六年）：十六勝二敗，防禦率一．三九，一一七次三振
4. 權藤博（中日，一九六一年）：三十五勝十九敗，防禦率一．七〇，三一〇次三振
5. 野茂英雄（近鐵，一九九〇年）：十八勝八敗，防禦率二．九一，二八七次三振
6. 澤村榮治（巨人）：一九三四年，以十七歲的年紀對大聯盟明星隊完投九局僅失一分
7. 野口二郎（參議員，一九三九年）：三十三勝十九敗，防禦率二．〇四，二二一次三振
8. 稻尾和久（西鐵，一九五六年）：二十一勝六敗，防禦率一．〇六，一八二次三振
9. 杉浦忠（南海，一九五八年）：二十七勝十二敗，防禦率二．〇五，二一五次三振
10. 上原浩治（巨人，一九九九年）：二十勝四敗，防禦率二．〇九，一七九次三振

10

美日明星賽——受「巨怪強森」激勵的獅子心

野茂英雄對大聯盟的憧憬始於社會人時期。加入近鐵的第一年，他前往九州宮崎縣日向市的春訓基地，在遠眺太平洋時說了一句話：「在這片海洋的彼岸，有我想打的棒球。」

回顧業餘時代，野茂與美國、古巴等隊多次交手；一九八八年漢城奧運美國隊的第四棒提諾．馬丁尼茲，後來成為紐約洋基隊的中心打者，「如果他們做得到，那我在大聯盟也做得到。」野茂說。

雖然在那個年代，挑戰大聯盟根本是天方夜譚，但野茂在心裡告訴自己，「我絕對不會輸給他們。」

抱著這種「不想輸給任何人」的心情，野茂進入職棒後愈投愈好。總計一九九〇年球季結束，他以菜鳥之姿橫掃太平洋聯盟投手部門四大獎，分別是勝投王（十八勝）、三振王（二八七次）、防禦率王（二．

「在這片海洋的彼岸，有我想打的棒球。」

——野茂英雄

九一）、最高勝率（六成九二），還獲選為聯盟年度新人王、MVP、澤村賞、最佳九人，成為史上罕見的「八冠王」；此外還有兩項第一，分別是明星賽球迷票選第一名、日本運動員繳稅排行榜第一名。

雖然新人球季年薪僅有一千二百萬日圓，但若加上簽約金一億二千萬日圓、年度獎項獎金、廣告代言等收入，合計高達三億日圓，職棒第一年就成為人人稱羨的億萬富翁；不只如此，年底調薪還由原本的一千二百萬日圓調高到三千六百萬日圓，漲幅百分之兩百，成為日職史上「第二年年薪就超過三千萬日圓」的第一人；此外，「野茂旋風」還被《產經體育》選為日本年度十大體育新聞之首。

職棒第一年就登上日本棒球的頂峰，但野茂沒有絲毫自滿，「我認為不必大驚小怪。媒體占用我大部分的時間，我幾乎沒有私生活可言。就算我拜託媒體不要這樣做，他們還是會找上我，但如果在美國就不會有這種情形。當然，在近鐵打球很開心，可是對我來說，棒球就只是一份工作，而不是可以浸淫其中的環境。」

字裡行間不難看出野茂對於大聯盟的憧憬，而球季結束後的美日明星賽則成為他夢想的催化劑。

INFO

日職史上十二位「投手四冠」的選手

二〇二三年，二十四歲的歐力士投手山本由伸以單季十五勝、二〇五次三振、防禦率一・六八、勝率七成五〇，成為日職史上兩度拿下「投手四冠」的第一人，而且還是連續兩年。總計日職史上共出現過十二位「投手四冠」（勝投、三振、防禦率、勝率）的選手，名單如下：

一九三七年春　澤村榮治（巨人）
一九三八年秋　史達魯賓（Victor Starffin，巨人）
一九四三年　藤本英雄（巨人）
一九五四年　杉下茂（中日）
一九五九年　杉浦忠（南海）
一九六一年　稻尾和久（西鐵）
一九八〇年　木田勇（日本火腿）
一九八一年　江川卓（巨人）
一九九〇年　野茂英雄（近鐵）
一九九九年　上原浩治（巨人）
二〇〇六年　齊藤和巳（軟銀）
二〇二一年　山本由伸（歐力士）
二〇二三年　山本由伸（歐力士）

「巨怪」強森：你屬於大聯盟

一九九〇年十一月，大聯盟明星隊大軍壓境，領銜的球星包括葛瑞菲父子（Ken Griffey Sr. & Ken Griffey Jr.）、邦茲（Barry Bonds）、小阿洛馬（Roberto Alomar）、費爾德（Cecil Fielder）、吉恩（Ozzie Guillen）、蘭迪・強森（Randy Johnson）、雷蒙・馬丁尼茲（Ramon Martinez）、戴夫・史都華（Dave Stewart）、芬利（Chuck Finley）；日職明星隊也是一時之選，包括野茂、伊良部秀輝、齋藤雅樹、渡邊久信、與田剛、清原和博、落合博滿、古田敦也、原辰德、秋山幸二等。

有別於前兩屆（一九八六、一九八八年）美國隊都取得壓倒性的勝利，這次日本隊前四戰獲得全勝，對美國隊確實是場震撼教育。

也許你會說，大聯盟球星是帶著度假的心情，他們拿錢出賽，這種表演賽的勝敗對他們毫無意義。但有看過比賽的美日棒球專家和媒體都很清楚，在這個系列賽中，幾名日職投手確實有效壓制大聯盟強打群，尤其是一個二十二歲的菜鳥投手，他用怪異的投球姿勢與殺手級的指叉球，讓這群大棒子無計可施。

這個投手當然就是野茂。

「你知道嗎？不管是戴克斯卓（Lenny Dykstra）、小葛瑞菲、邦茲，或任何一個參加系

列賽的大聯盟選手，他們都在休息區討論野茂，發出『哇靠』（Holy cow）的驚呼聲。」美國隊終結者迪波（Rob Dibble）說。

美國現場主播大讚：「我認為他可以馬上成為大聯盟的先發投手，而且有優異的表現」。「巨怪」強森受訪時被問到野茂是否能在大聯盟投球，他回答：「當然！看看他的球路威力，這傢伙絕對有能力在這個星球的任何聯盟投球。」

小葛瑞菲則說：「這小子值得一件大聯盟球衣。」

一九九〇年正是「巨怪」強森職棒生涯的轉捩點。二十六歲的他在轉戰水手的第一個完整球季拿下十四勝、防禦率三．六五、一九四次三振，首度入選明星賽。在野茂驚豔大聯盟球星之後，強森主動跨出這一步，他利用訪日期間私下找野茂吃晚餐（另有一說是在賽後的晚宴），很明確地告訴野茂：

「你屬於大聯盟。」

「待在日本打球只是浪費時間而已。」

幾天後，「巨怪」強森在系列賽的最後一戰與另一名左投芬利共同演出「無安打比賽」。有這位名人堂左投的背書，加上野茂在美日明星賽的成功，都在他心中播下挑戰大聯盟的種子。

INFO

一九九〇年日本職棒「最佳九人」

一九九〇年的日本職棒呈現什麼風貌？當時各位置的最佳選手是誰？日本《週刊棒球》嚴選當年度全日職「最佳九人」如下：

先發投手　野茂英雄（近鐵）
終結者　與田剛（中日）
捕手　伊東勤（西武）
一壘手　落合博滿（中日）
二壘手　高木豐（大洋）
三壘手　松永浩美（歐力士）
遊擊手　池山隆寬（養樂多）
指定打擊　迪斯多蘭（西武）
外野手　帕丘列克（James Paciorek，大洋）
西村德文（羅德）
秋山幸二（西武）

野茂：跟這些人相比，我連個屁都不是

兩年後（一九九二）的美日明星賽，野茂再次領軍對抗美國明星隊。第五戰，他與兒時偶像「火箭人」克萊門斯同場較勁，克萊門斯先發七局狂飆十次三振，只被打出三支安打無失分，野茂則中繼一又三分之一局投出兩次三振，被打出一支安打無失分。賽後他告訴記者，「克萊門斯下次再到日本比賽，買門票去看絕對值得。」

大聯盟明星隊訪日的「親善試合」，對於日本野球的影響極為深遠。一九三四年貝比魯斯率領的大聯盟明星隊，催生出兩年後的日本職業野球聯盟；而在一九八六年改為常態舉辦（一九八六至二〇〇六年固定每兩年舉辦一次，僅一九九四年因大聯盟罷工而停辦）以來，則造就出野茂、一朗兩名日職挑戰大聯盟的投打「先驅者」。

必須說，美日明星賽的舞台，讓野茂證明自己足以和大聯盟頂級球星分庭抗禮。不過除了球技之外，絕對不能忽視野茂強大的心理素質，以下兩個小故事便是例證：

一、一九九〇至一九九三年連霸太平洋聯盟勝投王和三振王的四年間，野茂曾經請熟識的友人幫忙蒐集大聯盟強投的投球影片並剪輯成精華。看完影片後，他有感而發，「跟這些人相比，我連個屁都不是。」明明是站在日本野球之巔，卻沒有絲毫自滿，反而將目光看得更遠，對自己的要求更加嚴苛，難怪日本媒體認為「總是向前看、向上看，這就是為什麼野茂能在大

聯盟掀起旋風的原因。」

二、野茂的「女房」（捕手搭檔）光山英和認為，野茂的成功在於「他的思維是另一個不同的層次」。例如，野茂的「龍捲風投法」在扭轉身體並高舉手套的同時，可能有洩漏球種的疑慮，但他完全不在意；此外，光山還發現，有大聯盟經驗的日本投手喜歡比較大聯盟與日職用球的差異，以及大聯盟投手丘的土墩較硬，但當光山問野茂時，野茂的回答卻是：「啊！我沒注意。」他甚至反問光山：「光山桑，那是大聯盟耶！站上大聯盟投手丘只有開心，才不會去擔心這種問題。」對此，光山的結論是：「這就是野茂能在大聯盟成功的原因，因為他對投球以外的事物無動於衷，不會因此而動搖。這種個性，正是野茂能與世界競爭的力量。」

11

史上最傳奇開幕戰——屈辱之降板

一九九四年四月九日，西武球場。

九局下半西武率先上場的打者清原和博，在離開休息區前，他重新戴緊左手的白色打擊手套。

自從十八歲進入職棒以來，清原多數時候是不戴打擊手套的。與其說手套是清原的「配備」，倒不如說這是他在面對強敵才會拿出來的「護身符」。

尤其是在這個關鍵時刻。

「被對手投出『無安打、無失分比賽』，是第四棒的恥辱。」清原心想。這是他從八歲打棒球以來，從來沒遭遇過的屈辱。

這場太平洋聯盟的年度開幕戰，近鐵先發投手野茂英雄前六局狂飆十二次三振，投完前八局依舊維持無安打、無失分。九局上半，同樣無失

「關鍵不在於能否成功，而是你有沒有付諸行動。」

——野茂英雄

分的西武先發投手郭泰源被石井浩郎尻出一發三分彈，西武〇比三落後、全場還沒擊出過安打的雄獅打線，只剩下九局下半最後三人次的反攻機會。

看著佇立投手丘的野茂，清原下意識拉緊左手手套，彷彿只要手鬆開一點點，就跟不上野茂的速球了。

站定打擊區後，清原來回轉頭、交替觀察著野茂與捕手光山英和。「如果想創紀錄，應該每一球都投指叉，但以野茂的個性，他會嗎？」清原思忖著。

第一球，野茂扭腰、轉身，球「咻」地一聲射進捕手手套。「果然……就算是這種局面，他還是直球對決啊！」清原吐了一口氣，胸口微微發熱。

球數一好兩壞，連續第四顆直球，清原出棒了，小白球穿越中右外野防線落地，二壘安打！野茂的「無安打比賽」沒了。

值此開幕戰勝利與歷史紀錄的關鍵時刻，你一定想問，捕手光山為什麼不配指叉球？其實光山當然想，但他太清楚野茂的個性了，一旦捕手配指叉，野茂搖頭，就會讓對手更確定下一球是直球。然而光山牙一咬、配直球的結果，「開幕戰無安打比賽」紀錄頓時化為烏有。

至於野茂當然不後悔自己的男子漢對決。幾年後他在受訪時回顧當時的心情：

「我只有兩種球路，直球和指叉球。如果現在害怕投直球，那就永遠不敢投直球了。」

「就算是這種時候也要投直球，這樣未來（與清原）繼續對決才有意義。」

伊東勤「史上初の劇的弾」

雖然被清原掃出二壘安打，歷史紀錄破滅，但完封勝、帶領球隊開幕戰勝利，不正是王牌投手的責任嗎？野茂依然有鬥志、有體力，這時走上投手丘的鈴木啟示監督還拍拍他說，「這場比賽交給你了。」

不過接下來戰況丕變，一出局後西武靠著一保送、一失誤攻占滿壘，下一棒輪由捕手伊東勤上場打擊。此時西武森祇晶監督拒絕打擊教練更換代打的建議，將伊東留在場上，反觀鈴木監督卻決定換下野茂，推出終結者赤堀元之。

鈴木監督換上赤堀的想法不難理解：前一個球季伊東對赤堀七個打數無安打；但站在野茂的立場想，他投到九局下半還未失分，球隊以三分領先，只差兩個出局數就能結束比賽。根據現場記者的證言，近鐵換投消息一出，連西武休息區和記者席都一片嘩然。

最後這場比賽的結局對近鐵是惡夢一場，伊東打出再見滿貫全壘打，西武四比三逆轉勝，只靠兩支安打就帶走勝利。

野茂挑戰開幕戰史上第一場「無安打、無失分」比賽失利，伊東則打出開幕戰史上第一支逆轉再見滿貫砲，而且剛好是職業生涯第一千支安打。這場開幕戰也因此被日本媒體譽為「史上最傳奇的開幕戰」、「傳說的名勝負」。

這場開幕戰成為西武在太平洋聯盟破紀錄五連霸的開端，不過影響更大的卻是近鐵與野茂。對照鈴木監督賽前宣稱「開幕戰將以野茂為中心」、九局下半走上投手丘還告知野茂「這場比賽交給你了」，他的換投決定普遍被認為是對王牌投手的不信任。有媒體就認為，這場開幕戰是兩人不和的開始，迫使野茂在一年後挑戰大聯盟。

「昭和之男」鈴木啟示

一九九二年球季結束後，仰木彬監督為近鐵戰績不佳而下台負責，繼任者即為鈴木啟示。鈴木何許人也？他是昭和時代近鐵最偉大的投手，生涯效力近鐵長達二十年，通算三一七勝、三〇六一次三振雙雙高居日職史上第四名，也是最後一位三百勝投手。鈴木速球極速達一五二公里，擅長指叉球、曲球、滑球，一九六八年球季結束後，近鐵與大聯盟聖路易紅雀隊舉行表演賽，紅雀名人堂捕手西蒙斯（Ted Simmons）盛讚鈴木是他「有生以來見過最厲害的投手」。

鈴木啟示球員時期與野茂有許多相似之處。兩人是近鐵前後期王牌投手，同樣擅投指叉球，就連鈴木自己也認為野茂堂堂正正對決打者的態度，以及極度頑固的個性，都與他非常相似。事實上鈴木的職業生涯總計被擊出五六〇支全壘打，不僅是日職之最，甚至比大聯盟紀錄保持人莫耶（Jamie Moyer）的五一一支還多，但他認為這是「與強打者對決時無可避免的男

子漢勳章」。

儘管如此，鈴木一上任監督後卻狠踩野茂的底線，他在知名棒球主播道上洋三的廣播節目公開批判野茂：

「雖然能三振對手，但四壞球也太多，投球姿勢不改造是不行的。」

「現在的投球姿勢遲早會出問題，到時就看他肯不肯低頭求我改造了。」

回顧鈴木在現役時期的投球機制以乾淨俐落、流暢而聞名，他還締造「生涯七十八場無四死球完投勝」的日職紀錄，由此不難理解他對於控球能力與投球機制的頑固堅持。不過對照仰木監督在下台前依然念茲在茲，交代球團不要改變野茂的「龍捲風投法」，鈴木監督橫加干預的霸道作法讓兩人的關係迅速降至冰點。「我當初加入近鐵，有很大一部分原因是要在拿冠軍之後，親自把信任我的仰木監督拋向天空。但是在仰木監督離開後，這一切都不重要了。」野茂說。

鈴木監督與野茂的基本衝突，在於鈴木堅持土法煉鋼的「根性論」，全盤否定體能教練立花龍司與野茂的體能訓練理論及科學化管理。鈴木監督的投球哲學是「投到死為止」（死ぬまで投げろ），他要求投手每天都要練投一百球，還要求野茂投更多，因為他認為野茂四壞球過多就是缺少投球所致；當野茂向教練團反映自己肩膀疼痛時，卻被鈴木監督斥責「那是因為你投得不夠多，所以現在疼痛的時候更要投。」

鈴木監督常說的一句話是：「我在選手時代都是這樣做。我做得到，你們一定也做得到。」卻忽視自己堅持的是早已過氣的訓練方法。

另外一個衝突是鈴木監督指示選手在春訓營穿釘鞋跑步，當立花教練告知這會造成腿部受傷時，鈴木卻拒絕讓步，「棒球選手穿釘鞋跑步是天經地義的事。」

此外，野茂問鈴木監督該跑幾圈，鈴木答不上來，只回答：「這跟跑幾圈無關，反正棒球選手就該一直跑步。」

當二十世紀末期大聯盟掀起科學化訓練風潮的同時，日本職棒這群憑藉球員時代成績而上位的監督或教練，對於運動科學全然無知，卻頑固堅持自己的直覺與經驗，鈴木啟示如是，土井正三亦如是。這種漠視球員意志及差異性的無理訓練方式，固然激發出野茂、一朗兩位挑戰大聯盟的投打「先驅者」，但對於同時期如呂明賜、郭李建夫被日本教練愈改造愈糟糕的案例，賠上的是選手寶貴的運動生命。

挑戰大聯盟是野茂人生最大的自嗨行為？

鈴木啟示監督確實是野茂決意移籍大聯盟的導火線。野茂曾經告訴隊友和媒體：

「我並不是無論如何都要去大聯盟打球，我只是覺得在這個監督（指鈴木）手下我不可能成功，就是這樣。」

「如果近鐵解雇鈴木監督，我就會留在日本。」

至於鈴木監督怎麼看待野茂挑戰大聯盟這件事？他在得知後告訴友人，「這傢伙挑戰大聯盟，是他人生最大的自嗨行為。」

然而在一九九五年野茂離開近鐵之後，球隊當年戰績四十九勝七十八敗三和在太平洋聯盟墊底，鈴木啟示沒等球季結束即引咎辭去監督工作。隨著被鈴木逼迫轉隊的野茂、吉井理人、立花教練在新球隊都有顯著貢獻，輿論及球迷對鈴木不滿的聲浪日甚一日，終於讓這個頑固的「昭和之男」開始反思。

二〇〇八年野茂宣布自大聯盟引退之後，鈴木前監督公開表達正面肯定的態度：

「我到現在終於知道，野茂桑做了對的事，而我堅持過去自己成功的方式，則是不對的。因此野茂選手才是正確的，事實就是如此。」

「野茂桑讓我見識到他對棒球的熱情，我對他只有低頭佩服之意。」

「歷來挑戰大聯盟的日本選手中，他是我見過心理素質最強、抗壓性最高的人。」

泥醉睡倒在廁所，從此獲得隊友信賴

最後是一九九四年開幕戰的場外花絮。每年近鐵主場開幕戰當天，球團都會邀請母公司的集團企業到現場觀戰，造成藤井寺球場停車位一位難求。然而球場僅有球團管理階層的專屬停車位，卻沒有保留給選手，即便選手會長金村義明向球團反映也沒下文。

最後野茂直接向社長嗆聲：「如果今晚沒車位，我就不投了！」果不其然，選手們的車位很快就空出來了。對此金村就說：「野茂外表看似冷漠，但他的情感十分濃烈，會為了選手們的事務向球團力爭。」

事實上，外界對野茂總有「保護外殼」的既視感。或許他不知道該如何對媒體無中生有的報導加以辯解，又怕多說多錯，因此總是和外界、特別是跟記者保持距離。不過隊友眼中的野茂卻完全不是如此。

一九九〇年二月在日向市的春訓營，依照慣例，第一次休假日的前一晚，近鐵投手群會在居酒屋舉辦新人歡迎會。近鐵資深的王牌左投阿波野秀幸回憶說，身為菜鳥的野茂，當晚只要有賢拜敬酒他一定乾杯，所以他的酒杯永遠是空的。雖然阿波野聽說野茂酒量相當不錯，但這種喝法遲早會醉。

酒酣耳熱之餘，阿波野突然發現野茂人不見了。聚餐結束後才有人發現野茂醉倒在廁所，整個人抱住馬桶睡著了（笑）。

開季後野茂生涯初登板對上西武，一局上半無人出局滿壘，打擊區是清原和博，近鐵投手群在休息區聲嘶力竭地為野茂應援，這在輩份嚴謹的日職球團確屬罕見。因為他們知道，真實的野茂是個熱愛隊友、熱血的年輕人。

12

近鐵退團劇——改變世界棒球版圖的反骨經紀人

從一九九〇年拿下太平洋聯盟投手「八冠王」開始，野茂英雄連續四年稱霸聯盟勝投王及三振王，他在這四年（一九九〇至一九九三）的勝場數分別為十八、十七、十八、十七勝，三振數則是二八七、二八七、二二八、二七六次。

不過隱藏在這些輝煌紀錄的背後是一項警訊：四年來，野茂竟然有多達六十一場比賽的用球數在一百四十球以上，他甚至曾經單場投了一百九十八球，這樣的投球數足足可以在雙重賽連續先發兩場了！

由於長期疲勞的積累，一九九四年野茂試圖成為過去五十四年來第一位「連五季勝投王」的投手（前一位是一九三七至一九四〇年的巨人投手史達魯賓），但春訓前就感覺右肩不適，無法全力投球，使他的調整進度較往年大幅落後。

「如果不挑戰，就不會有開始。」

——野茂英雄

開季後野茂強忍右肩的違和感繼續投球，六、七月間拉出一波五連勝，但他不知道，真正的地獄試煉正在等著他……

單場十六次四壞的悲劇英雄

有人說「歷史是由勝利者書寫的」，畢竟成王敗寇，古今皆然，而這也是運動場上的真實樣貌。但在歷史的洪流裡，有些失敗者才是真正的英雄。

一九九四年七月一日，野茂投出堪稱日職近代史上最詭異的比賽，一場多達十六次四壞的完投勝。這場近鐵對西武的比賽，一局下半兩出局、二三壘有跑者，野茂連續三次四壞保送清原和博、洋砲帕格里亞魯洛（Mike Pagliarulo）、石毛宏典，免費奉送西武兩分，接下來第二局投出兩次四壞、第三至六局各一次、第七局三次、第八局一次，第九局三次。

總計野茂這場完投勝用了一百九十一球，其中多達一百零五球是壞球。倘若一般球隊平白多了十六次保送上壘的機會，就算單場攻下十分也不意外，但這場比賽西武打線在野茂指叉球的壓制之下攻勢分散，只靠五支零星安打得到三分，留下多達十五次殘壘，最後近鐵竟以八比三勝出，野茂摘下當季第七勝。

紀錄上，野茂單場十六次四壞球，超越一九四二年黑鷲隊投手小松博喜與一九九二年他自己的十四次舊紀錄；此外，過去單場投出最多四壞保送的勝利投手是一九四六年參議員隊的一

言多十（十三次），野茂同樣刷新紀錄；至於他局局投出四壞球，則是日職史上第一次。

問題來了，如此荒腔走板的比賽，鈴木啟示監督為什麼不換投？事實上打完前七局近鐵以五比二領先，第九局的比數一度拉開到八比二，這些都是教練團換上牛棚、保住野茂勝投的好時機；就連擔任現場轉播球評的前中日監督星野仙一也忍不住苦笑說：「如果我是監督，早就換下野茂了。」「這場比賽真正在忍耐的不是野茂，而是鈴木監督。」

有專家臆測鈴木監督死不換投的原因，是想藉由這場比賽磨練野茂的心理強度與韌性。鈴木在賽後不置可否，只說：「沒有其他投手能做到他所做的事。這就是野茂，只有野茂才能投出這樣的比賽。」不過鈴木這番話是否明褒暗貶、暗酸野茂，就不得而知了。

七月十五日，野茂對歐力士僅僅先發兩局就退場，賽後他發出求救訊號，「這不是疲勞或不舒服，而是劇痛。」即便如此，四天後的明星賽，球迷票選第一名的野茂還是必須登板投球，何其悲情！

接下來經過一個月的休養與調整之後，野茂在八月二十四日復出，但只投了三局、五十七球就主動要求退場，這場比賽也意外成為他在日職的告別作。

肩傷復發之後，野茂一度只能用左手開車，鈴木監督隨即將他下放二軍。可別誤會，鈴木不是要他好好休息，反而指示他「治療手臂痠痛最好的方法就是投更多球，而且要在疼痛中投球。」

野茂從沒放棄大聯盟的夢想，他原本想等日職年資滿十年、成為自由球員之後跨海逐夢，但這時連他都開始懷疑自己，「在成為自由球員之前，我的手臂應該早就被鈴木監督給操壞了吧！」

團野村的反骨人生

時光倒轉回到幾個月前的東京巨蛋，一個來自加州的年輕女律師興高采烈地坐在觀眾席看球賽，旁邊則是穿著時髦、一頭紅髮的三十多歲男人。

第一次看日本職棒比賽的女律師對場上選手的美技演出嘖嘖稱奇，她用英語對紅髮男說：「好像在看大聯盟比賽……而且氣氛更棒！」

過了一會兒，女律師又轉頭問：「我不懂，為什麼沒有日本選手在美國打球？」

聽到這個問題之後，紅髮男意味深長地看了女律師一眼，「妳知道嗎？妳問了一個非常有趣的問題。」他娓娓道來三十年前的「村上雅則事件」以及一九六七年的「美日勞動協議」（US-Japan Working Agreement），聽得女律師皺起眉頭，「呃……這聽起來不合法。」

紅髮男點頭，「對！所以我正在找一個有勇氣衝撞體制的日職選手。」

女律師名叫珍・艾佛特曼（Jean Afterman），畢業於加州大學柏克萊分校與舊金山大學法律學院，當時在一家公司擔任法律顧問；紅髮男則是後來成為野茂經紀人的團野村；至於團在找的日職選手，當然就是野茂了。

先從團野村這奇怪的名字開始說起。一九五七年出生於東京的他是美日混血兒，原名唐諾・英格爾（Donald Engel），「團」就是從他的英文名字「Don」直譯而來。團的父親艾文（Alvin Engel）是駐日美軍軍官，母親伊東芳枝在他小學一年級時離家不知所蹤，獨留父親撫養他和弟弟長大。

頂著一頭紅髮，加上混血兒的五官，團從小飽受歧視與嘲諷，好勇鬥狠的結果就是高一因為打架遭到退學，所幸他有一項極為突出的運動天賦，那就是棒球。二十一歲那年，日本政府基於法令規定要求他在雙重國籍中擇一，團選擇了日本籍，只因為當時日本職棒每一隊最多只能登錄兩名外籍選手，而他想在日職長期發展，必須成為本國籍，才有更多上場機會。

立定志向的團開始尋找當年拋下他的生母，結果劇情神展開，母親另組家庭，改名為野村沙知代，而對象竟然是日職史上最偉大的捕手、生涯六五七轟僅次於王貞治的野村克也！

就這樣，團成為野村克也的繼子，他和弟弟肯尼（Kenny Engel）、同母異父弟弟野村克則先後成為日職選手，只是團效力養樂多隊時期從來沒有升上一軍過。

一九八一年，離開日職的團前往加州發展，先後在餐廳及廉價旅館打工，隨後在一個極其幸運的夜晚，他在拉斯維加斯的賭場將僅有的一千美元翻倍賺回四萬一千美元，再把握美國房地產泡沫化之前的房價高峰，投資房地產大賺一筆。

一九八九年，團和幾位投資人入主加州聯盟的一A球隊「薩利納斯馬刺隊」（Salinas Spurs），他想讓這支小聯盟球隊成為日職養樂多、大榮兩隊二軍年輕選手在海外磨練的農場，結果大放異彩的卻是一個日本高中中輟生，職棒生涯效力過水手、皇家、洛磯、釀酒人、日職歐力士、中職La New熊等隊的投手鈴木誠。

團在馬刺隊學到如何經營職棒球團，還以經紀人身分協助鈴木誠和水手球團談定一張百萬美元簽約金的合約。有了這個成功的經驗之後，他賣掉馬刺隊持股，轉而成立自己的經紀公司——KDS運動公司。

「瞞天過海」A、B、C作戰計畫

一九九四年春，團與野茂約在東京的咖啡廳第一次見面。

野茂對大聯盟的一切充滿好奇，尤其是大聯盟的訓練模式，以及大聯盟球團會如何處理他的肩傷。離開咖啡廳前，野茂已然下定決心，「我明年就想去美國打球，請幫我想想辦法吧！」

找到了這個「堅鋼不可奪其志」的棒球選手之後，下一步就是要找制度漏洞了。團首先將日本職棒選手契約範本翻譯成英文，提供給人在洛杉磯的律師兼運動經紀人泰倫（Arn Tellem），下班後則與艾佛特曼一起討論。

日本職棒選手契約範本是從一九三〇年代美國小聯盟的制式契約範本翻譯而來，泰倫比對後發現兩者文字幾乎雷同，唯一的差別是「任意引退」（意即「自願退休」）條款。美版契約明訂，名列球團任意引退名單的選手，若要復出（包括契約交涉、參加比賽或陪同練習），只能回到原球團；但日版契約卻畫蛇添足地多了「國內復出」的字眼。換言之，在日本職棒任意引退的選手，若要在「國內」復出，依規定只能回到原球團；但反過來說，若是在「國外」復出，不就可以規避這項規定了嗎？

團經過查證之後發現，前西武「洋助人」迪斯多蘭就是引用這項條款，從日本球界引退後回大聯盟打球。為求審慎起見，團輾轉發信詢問日本野球機構（NPB）會長辦公室及大聯盟官方辦公室，都得到同樣的答案：「日本任意引退的選手若要在國內復出，只能與原球團簽約；但若是與大聯盟球團簽約，則不在此限。」

有了這兩封信件的背書，團的下一步浮現了：他要讓野茂從近鐵球團任意引退！但要讓近鐵高層毫無來由地同意王牌投手自請退休，談何容易？於是團設計了一個「瞞天過海」的計畫。

日本將職棒選手與球團的薪資談判稱為「錢鬥」。對此，團為野茂擬訂了三個作戰計畫：

A計畫：在「錢鬥」時要求鉅額的複數年契約

由於野茂還有六年才能取得自由球員資格，因此團要求他開價六年二十億日圓，目的是激怒球團高層。

B計畫：抗爭到底

如果球團不同意複數年契約，也不同意任意引退，那就徹底抗爭吧！隔年不參加春訓、一整季不上場比賽，犧牲一年的時間來換取任意引退。

C計畫：到美國提起訴訟

如果球團還是不同意任意引退，那就到加州提告近鐵球團。在勞工意識抬頭的加州，團評估有九十九%的勝訴機率，而訴訟程序預估耗時半年。

結果呢？團與野茂在A計畫就成功了！一九九四年十一月，團首次以野茂經紀人的身分，陪同他到近鐵高層辦公室「錢鬥」，想當然爾，團被趕了出去。團回憶說：

「我習慣了，我在學校被趕出去過，在公司也曾有過。」

「野茂明明知道我會被趕出去（當時日本職棒不允許經紀人制度），但他堅持『一起出發吧！』當近鐵球團趕我走的時候，野茂立刻說『我和你同進退』。」

「這是你求之不得的客戶，一個全心支持你、你也全力挺他的人。這樣的客戶才值得你並肩作戰。」

在兩次談判過程中，野茂成功激怒近鐵高層。他所要求的「複數年契約」和「經紀人制度」都是史無前例；尤其過分的是，野茂因肩傷而錯過下半季比賽，卻要求一張長達六年的天

價合約！

近鐵球團原本以為這只是野茂避免被減薪的談判手法，但野茂威脅說：「如果不同意，我就從球界引退！」

球團代表勸他：「不要這樣，為了你的職業生涯多想想吧！」「至少也要為球團想想吧！」

野茂則回以：「我就是想到你們，我才會退休的。」

野茂的直言不諱，徹底激怒了近鐵球團高層，「既然這樣，那就在這裡簽字吧！」野茂立馬在「任意引退同意書」上簽了名。

一九九五年一月九日，野茂召開記者會宣告將挑戰大聯盟。近鐵球團這才發現他們中了團和野茂的圈套，不過一切都已經來不及了。

改變國際棒球版圖的經紀人

繼野茂之後，有「和製萊恩」稱號的強投伊良部秀輝、效力廣島隊的多明尼加籍打者索利安諾（Alfonso Soriano）接續跳脫日職，轉戰大聯盟，催生了後來的「入札制度」（Posting System，亦稱「競標制度」）。二〇〇〇年，鈴木一朗透過這項制度加盟水手，成為日職打者挑戰大聯盟的「先驅者」；二〇〇六年，西武球團在松坂大輔競標戰中獲得五一一〇萬美元的天價入札金，松坂則簽下六年五二〇〇萬美元合約。日職球團和選手在「入札制度」初期大獲全勝。

回顧「入札制度」的建立過程，許多人歸功於野茂作為「先驅者」的堅持，也有人認為是因為伊良部、索利安諾勇於捍衛自己的權益。但你知道嗎？這三名選手背後的操盤手都是團野村，他始終秉持自己作為球員經紀人的理念，**「運動員就該趁年輕時出國挑戰。有人擔心日本職棒會因為球星流失到大聯盟而空洞化，但自從野茂桑以來，已經有數十人挑戰大聯盟，同期間日本職棒的觀眾人數卻還是持續增加；接下來一朗桑的成功，則讓日本職棒重新獲得認可，我希望有更多優異的日本運動員活躍於世界舞台。」**

過去二十多年來，他的客戶除了前述鈴木誠、野茂、伊良部、索利安諾之外，還包括達比修有、前田健太、岩隈久志、中村紀洋、藪田安彥、平野佳壽、藤川球兒、渡邊俊介、村田透、奇戈（Robinson Checo）、布蘭登・萊爾德（Brandon Laird），台灣旅日選手陳冠宇、宋家豪、呂彥青、廖任磊，退休後擔任球評或教練的野村克也、吉井理人、山崎武司、迪斯多蘭、歐馬力（Tom O'Malley），甚至還有職業足球選手工藤壯人、高井和馬等，合計超過百人。美日媒體稱呼團野村為「改變國際棒球版圖的經紀人」、「迫使日本球界開國的交涉代理人」，正如同野茂在日本職棒的崇高地位，團同樣也是日職選手經紀人的「先驅者」。

順帶一提，你還記得與團野村協同作戰的律師艾佛特曼、經紀人泰倫嗎？艾佛特曼後來成

為紐約洋基球團的助理總經理暨資深副總裁，是大聯盟史上第三位女性助理總經理，多次獲選運動界百大權威人物、最具影響力的女性；至於泰倫則成為洋基強打「酷斯拉」松井秀喜的經紀人！他將科比・布萊恩（Kobe Bryant）引進洛杉磯湖人隊，二〇一五年成為全ＮＢＡ擁有最多球員（四十二人）、最多明星球員（十二人）、球員薪資總額最高（三・二四億美元）的經紀人！

INFO

何謂「入札制度」？

一九九五年野茂「任意引退」後利用制度漏洞加盟道奇，一九九六年廣島洋投奇戈循同一模式加盟紅襪；一九九七年長谷川滋利及伊良部分別被轉賣到天使及教士，其中伊良部事件引發重大爭議。美日職棒終於在隔年（一九九八）亡羊補牢，修訂「美日勞動協議」有關選手移籍的部分條文，規定日職選手取得海外自由球員資格前，若經申請獲得球團同意，即可透過大聯盟公開招標之方式轉隊，這就是初版「入札制度」。

程序上係先由日職選手在每年十一月一日至隔年三月一日間提出申請，大聯盟即辦理祕密競標作業，由入札金最高的球隊得標。經日職球團同意得標球隊所提出的入札金額後，得標球隊將取得三十天的獨占交涉權，一旦選手完成簽約，得標的大聯盟球隊即須將上述入札金支付予日職原球團（若最後未能簽約，則無須支付）。另若日職球團不同意得標金額，或選手與大聯盟球隊未能達成合意，則該名選手在隔年十一月一日前不得再提出申請。

第一位循此制度挑戰大聯盟的日籍選手為鈴木一朗。之後由於松坂、達比修的競標案中，日職球團獲得超過五千萬美元以上的鉅額讓渡金，促使上述制度在二〇一三年將入札金上限訂為兩千萬美元。而韓國、台灣亦仿效建立上述制度，中華職棒第一位適用的選手為二〇一八年由Lamigo桃猿移籍至日本火腿的王柏融。

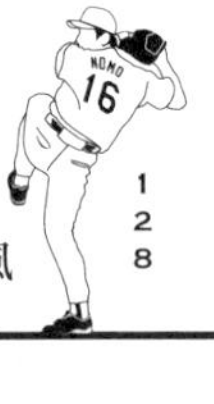

PART 3

乘桴渡海的先驅者

一九九五年，一張「任意引退」公告，一段寄給大聯盟各隊的兩分鐘投球影片，
就這樣開啟了「龍捲風」野茂英雄人生最荒誕的夢想……

13

「這是我的人生」——挑戰人生最荒誕的夢想

一九九四年夏天，一名棒球記者藉由採訪近鐵選手之便，進到藤井寺球場的球員休息室，意外發現有趣的一幕：在野茂英雄狹窄的置物櫃裡，每個牆面都貼了克萊門斯、小葛瑞菲等大聯盟球星的球員卡，據說右外野牛棚後方的重訓室牆上也是如此。

在被問到這件事情時，野茂靦腆地笑了，「我明年想去大聯盟試試看。」

「我想和大聯盟打者來場力與力的對決。」雖然當時正因肩傷復健中，但在說這句話的同時，野茂的眼神透著光亮。

隔年一月，他找到「任意引退」的巧門，成功逃脫近鐵球團的桎梏。不過問題隨之而來：大聯盟正面臨有史以來最大規模的球員罷工，新球季是否開打、何時開打，完全在未定之天。可是野茂毫不退縮：

「這是我的人生，而這就是我看待自己人生的唯一方式。我很清楚風險有多高，我也知道每個人都在觀望，但如果我現在不嘗試，將來一輩子都會後悔。」

——野茂英雄

「如果你勇敢嘗試挑戰，有可能成功也有可能失敗，但如果不挑戰，你連成功的機會都沒有。」

「我必須全力以赴。因為如果我失敗了，在我之後的日本選手都會烙印上『失敗』的標籤。」

「這是我的人生，而這就是我看待自己人生的唯一方式。我很清楚風險有多高，我也知道每個人都在觀望，但如果我現在不嘗試，將來一輩子都會後悔。」

「所有可能發生的最壞狀況，那就是我無法站上大聯盟，我投得不夠好……但這有很糟嗎？很丟臉嗎？畢竟我是可以承受失敗的人。」

被討厭的勇氣

野茂的經紀人團野村曾經分析大聯盟與日本職棒最大的差別。他形容大聯盟就像「棒球便利商店」的老闆，棒球是販售的商品，球隊以選手為中心，不斷補強、競爭，進而獲勝，而球賽轉播與廣告贊助則是收入的來源。

但日本職棒恰恰相反。職業棒球的焦點在母企業而非棒球本身，球團只是母企業廣告宣傳的一部分，而母企業的形象才是至高無上的。

所以你發現問題所在了嗎？大聯盟把「人」擺在第一位，重視選手的權益（薪資）與流動性（自由球員制度）；反觀日本球界，在野茂宣布挑戰大聯盟之後，「自私自利」、「忘恩負義」、「叛國賊」……各種指責紛至沓來，野茂和經紀人團野村甚至收過死亡威脅。

況且野茂當時推定年薪約一億四千萬日圓，這在日本職棒界是非常優渥的待遇，還有豪宅、名車，他是日職明星投手，全日本最有名的運動員。若拋下這一切，遠赴美國從小聯盟打起，最高年薪只有六百萬日圓，風險太高了。

野茂永遠記得周遭朋友聽到他想挑戰大聯盟時的驚悚表情，至親好友罵他笨，家人的反應彷彿他要加入邪教；父親有一段時間不跟他講話，就連最支持他實現夢想的妻子，也一度無法諒解他的決定。

只有少數人表達支持。「棒球先生」長島茂雄就認為，正值全盛時期的野茂如果能在大聯盟占有一席之地，這對日本職棒的意義重大，所以他支持野茂出國挑戰。

至於最看好野茂成功的人，首推前近鐵投手教練權藤博。一九九五年初，在野茂決定挑戰大聯盟之後，兩人上同一個電視節目，主持人尖銳地質問野茂：「你不會講英文，這樣能在大聯盟生存嗎？」

野茂不慍不火地回答：「不，我不是去美國學英文，我是去打棒球的。」

「你難道不擔心嗎？」主持人又問。

「不，我懷抱希望，但從不擔心。」野茂回答。

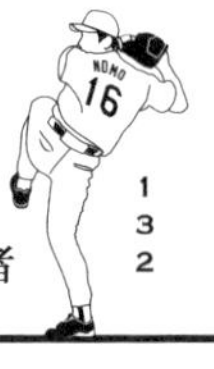

權藤回憶說：「聽到野茂堅決的語氣，從那一瞬間開始，我確信他一定會成功。」

權藤做了兩項預測：

一、許多人認為野茂不會成功的原因，在於他的四壞過多。但權藤認為以大聯盟打者積極出棒的特性，野茂的保送次數將會降至一半以下。

二、單季十五勝不是不可能。

雖然現場有資深記者吐槽「別小看大聯盟」、「過沒多久他就會回來了」，但事後證明權藤才是對的。

題外話，野茂曾經接受ＮＨＫ專訪，自承初到美國時「英文程度是零」，但他赴美後積極學習英文的方式，反而成為後輩仿效的對象。曾經效力大聯盟老虎、道奇、水手等隊的前日職投手木田優夫，退休後擔任日本火腿球團總經理特助。二〇一八年初，當大谷翔平確定加盟洛杉磯天使隊之後，木田提醒大谷要快速學好英文，還建議「野茂英語學習法」，「野茂總是隨身攜帶小本的英語字典，邊走邊看。就算記不起來，他還是堅持每天都要用英語對話。」木田說。

來自東瀛，謎一樣的投手

在野茂確定赴美之後，經紀人團野村寄了一段兩分鐘的投球影片給大聯盟所有球團。要知道，在那個網路尚未普及、沒有YouTube的年代，這是讓大聯盟認識野茂的唯一方法。

當時沒有任何大聯盟球團在日本常駐球探，畢竟上次有日本選手登上大聯盟已經是三十年前的事了。另一個根本的原因是：大聯盟球界普遍認為日本職棒是「實力連三A都不如的次級聯盟」。有美國作家引述大聯盟人士的看法，「如果大聯盟是真正的棒球，那日職就是『乒乓球等級』」，棒球專欄作家克雷比許（Bob Klapisch）更以反諷的口氣道出大聯盟對日職的鄙視：「承認吧！日本棒球對你來說就只是個笑話，不是嗎？他們比賽的球場小到要用顯微鏡才看得到，選手體重連一百七十磅（約七十七公斤）都不到，而且沒有投手的球速能超過八十英里（約一二八公里）。」

題外話，同樣是這位棒球作家，十一年（二〇〇六）後克雷比許在ＥＳＰＮ撰文盛讚王建民是「美聯最佳伸卡球投手」，此一時彼一時，何其諷刺。

一月三十日，野茂與團野村聯袂搭機赴美，表達興趣的球隊包括水手、巨人、道奇、勇士、洋基、馬林魚等。然而肩傷未癒的野茂完全沒有進入狀況，他在西雅圖的測試會結束後，水手總教練皮尼拉（Lou Piniella）直接打槍，「他永遠都上不了大聯盟……尤其是這麼怪異的投球姿勢。」接著野茂在道奇球場（Dodger Stadium）與投手教練華勒斯（Dave Wallace）傳接球，道奇老闆歐馬力（Peter O'Malley）直言：「老實說，我對他沒啥期待，我們只是一直在想，這傢伙到底是誰？」

而這個能讓道奇球團態度轉趨積極的關鍵人物，想必連野茂自己也想不到，竟是他的前近鐵隊友、日職史上最強洋砲之一的「狂牛」布蘭德（Ralph Bryant）。

布蘭德職業生涯前七年效力於道奇大小聯盟，一九八八年被道奇總經理克萊爾（Fred Claire）交易到日職中日龍隊，隨後在近鐵八年期間拿過三次全壘打王、一次打點王，一九八九年還獲選為太平洋聯盟年度MVP。

一九九五年春訓報到前，布蘭德在佛羅里達家裡接到克萊爾的電話。而這正是道奇球團的高明之處：克萊爾動用一切人脈，包括自己打電話給七年沒聯絡的前隊友布蘭德，無所不用其極地蒐集野茂在日職的情報。因為克萊爾很清楚，沒有任何人比朝夕相處的近鐵隊友，更瞭解野茂的投球實力與工作態度；況且布蘭德有三年大聯盟經驗，由他來評斷野茂是否能在大聯盟生存，不做第二人想。

布蘭德很明確告知克萊爾「你們應該簽下野茂」，他從打者視角解析野茂的指叉球有多難打，對於大聯盟球團擔心指叉球會對手肘造成負擔，他也從日本投手自小練指叉球的習慣加以解釋。最後他搞笑說，「克萊爾應該付我一筆球探費！」

布蘭德認為，最該感謝野茂的人其實是他自己，因為野茂後來在大聯盟的成功，間接證明他在日職通算二五九支全壘打是一項有價值的紀錄。「在野茂之前，日職之於美國，是非常陌生的世界。而野茂的活躍表現，讓美國逐漸認知我的全壘打紀錄是來自『真正』的投手。」布蘭德說。

當然，真正讓道奇球團高層動容的是野茂的決心與勇氣。道奇總經理克萊爾就說：「這傢伙在日本一點也不簡單，他擁有一切，名氣、財富、美好的生活，但他賭上一切，只為了站上最高的棒球殿堂投球，這感動了我們，我們對此非常動容。」

道奇球探總管雷諾茲（Terry Reynolds）則說，「野茂擁有獨一無二的人格特質，以及對大聯盟的強烈渴望。你可曾看過大聯盟球星在顛峰期離開家人，放棄高薪及合約保障，只為了追逐自己的夢想？」

道奇球團一開始向野茂陣營報價簽約金一百萬美元的小聯盟合約，隨即被團野村回絕。老闆歐馬力知道野茂的下一站將是亞特蘭大或紐約，他心想，「我真的不想讓他去見史坦布瑞納（George Steinbrenner）或泰德·透納（Ted Turner）。」於是他將簽約金報價翻倍為兩百萬美元。同時間野茂告訴團，「我喜歡彼得（歐馬力），我想為道奇打球。」至此，「道奇·野茂」正式誕生！

偉大日本投手的誕生

一九九五年二月十三日，道奇球團在洛杉磯市中心的「新大谷飯店」舉行記者會，由傳奇播報員「道奇之聲」史考利（Vin Scully）主持，正式宣布野茂加盟道奇隊。

道奇著名的「聯合國」先發輪值

正如老闆歐馬力期許道奇能成為洛杉磯多元社會的象徵，道奇在一九九六年組成聯合國等級的先發輪值，五名先發投手有五個不同的國籍：

・野茂英雄（日本）
・雷蒙・馬丁尼茲（Ramón Martínez，多明尼加）
・瓦德茲（Ismael Valdez，墨西哥）
・朴贊浩（韓國）
・坎提歐提（Tom Candiotti，美國）

歐馬力介紹野茂是「一直夢想進入大聯盟的勇敢年輕人」，當他將繡有「NOMO」、「16」的藍白球衣遞給野茂時，野茂緊繃的臉終於露出笑容。雖然年薪只有大聯盟保障底薪十萬九千美元，折合日幣約九百八十萬，遠低於前一年在近鐵的一億四千萬日圓，但史考利這番話預告了野茂傳奇的開始，「過去道奇擁有幾位不世出的投手，包括偉大的黑人投手紐康伯（Don Newcombe），偉大的猶太裔投手科法斯（Sandy Koufax），還有偉大的墨西哥投手瓦倫祖拉（Fernando Valenzuela）。數往知來，如今我們終於擁有一個偉大的日本投手！」

最後是一個有趣的花絮：近鐵時期球衣背號十一號的野茂，為什麼在加入道奇之後改穿十六號？因為這是野茂的好友、搞笑藝人石橋貴明，在好萊塢電影《大聯盟2：決戰大反攻》（Major League II）飾演外野手「高田中」（タカ・タナカ）這個角色的球衣背號（笑）。

14 大聯盟初登板——「夢實現」的一天

一九九五年五月二日，美日職棒歷史性的一天。

舊金山燭台球場（Candlestick Park），球衣背號十六號的道奇投手野茂英雄，即將對巨人開路先鋒路易士（Darren Lewis）投出他在大聯盟的第一球。

天空蔚藍而晴朗，海風從舊金山灣吹來。進場的觀眾只有一六○九九人，除了因為是週二下午開打的日間比賽之外，當然也和大罷工後許多球迷拒絕支持有關。

由於罷工的關係，道奇開幕戰被推遲到四月二十五日才開打，野茂並沒有登錄在開幕戰球員名單。雖然春訓熱身賽戰績二勝○敗，主投十一局只被打出五支安打責失一分，防禦率低到○・八二，但道奇教練團顯然對他多達九次四壞保送頗有顧慮，故而指示他在高階一A貝克斯菲爾德火焰

「這世上沒有什麼是不可能的，因為『不可能』（impossible）這個字的本身就包含了『我是可能的』（I'm possible）。」

——奧黛麗・赫本

隊（Bakersfield Blaze）苦練速球，並減少指叉球的使用。

五天後（四月三十日）道奇球團召開記者會，正式宣布與野茂簽下大聯盟合約，而他初登板的地點正是燭台球場，三十年前村上雅則就在這座球場投出日本人選手在大聯盟的最後一球。

道奇初登板，日本武士重返大聯盟的開端

三壘後方觀眾席出現一個野茂熟悉的身影——女律師艾佛特曼，她在舊金山出生長大，全家人都是狂熱的巨人迷。一局下半當野茂步上投手丘時，艾佛特曼忘情地起立鼓掌，坐在旁邊的媽媽隨即拉她袖子，「快坐下！你讓我們很尷尬！」媽媽抱怨說。

艾佛特曼無法掩飾自己興奮的心情，反觀曾經群起圍剿野茂的日本媒體則是天人交戰。當天有將近三百名日本記者在現場採訪，空前的報導陣仗，巨人公關部門只得將原本NFL舊金山四九人隊的記者席也開放給日本媒體使用。

野茂在大聯盟的前四球都是速球，球數兩好兩壞之後，指叉魔球乍現，主審拉弓，大聯盟初三振到手！

下一棒打者湯普森（Robbie Thompson）擊出一壘附近的高飛球被接殺之後，亂流來了，野茂連續三次四壞保送邦茲、威廉斯（Matt Williams）、希爾（Glenallen Hill），中間還夾

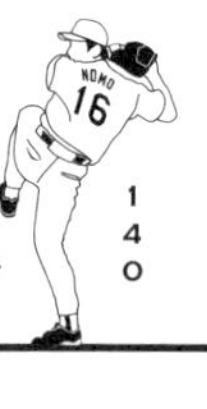

雜邦茲盜二壘成功。

兩出局滿壘，下一棒是游擊手克雷頓（Royce Clayton）。這時道奇投手教練華勒斯叫了暫停。多年後他接受專訪時回憶這段過程：

「當下我腦袋一片空白，不知道該對野茂說什麼……因為我忘了帶我的日文小抄。」（笑）

「但我還是走上投手丘，捕手邁克．皮亞薩（Mike Piazza）湊了上來。我和邁克面面相覷，邁克問我『好吧！該怎麼辦？』」

「我對上天發誓，我真的不知道這是怎麼發生的，我只知道西班牙語是我唯一會的另一種語言，於是我脫口而出"Nomo, Nomo, ¿Cómo esta?"」（"¿Cómo esta"是西語國家民眾經常掛在嘴邊的寒暄語，特別是在拉丁美洲，意思近似中文的「吃飽沒」。）

「野茂回答"Good"，然後他笑了。」

顯然野茂是聽不懂西班牙語的，但他猜得到投手教練想問什麼。多年後皮亞薩大讚野茂，「**棒球超越了人類的任何語言……而他就是這樣的個性，絕不會讓任何困難影響他。**」

在心情放鬆之後，野茂讓克雷頓揮空三振，結束這一局並化解滿壘危機。

已故知名作家佐瀨稔當時就在場邊，他回憶起滿壘當下，日本記者們彷彿洗了一場三溫暖。原本痛批野茂是「賣國奴」、「叛徒」、「拜金男」的日本記者們，此刻每個人都專心一意注視球場正中央的野茂，似乎在心裡祈禱「別緊張，冷靜下來」。

對日本來說，一九九五年是難熬的一年。一月才歷經阪神大地震，三月又發生奧姆真理教的東京地鐵沙林毒氣攻擊事件，五月的此刻，全場日本記者、乃至於日本當地淩晨四點多在收看比賽直播的數百萬同胞，都將希望寄託在野茂身上。在那一瞬間，他成為全日本的「英雄」——就跟他的名字一樣。

終場道奇在延長賽第十五局以三比四敗給巨人，但所有人都只記得野茂的表現：先發五局只被打出一支安打無失分，投出七次三振、四次四壞，用球數九十一球。道奇總教練拉索達（Tommy Lasorda）在賽後記者會反問記者，「大聯盟初登板，五局一安打。你告訴我，你還能要求什麼？」

以下是美日球界對野茂這場比賽的評價：

・「這樣的速球和指叉球，絕對是大聯盟等級。」——邦茲（舊金山巨人隊當家強打，大聯盟當時年薪最高的選手）

・「很高興能看到他在壓力之下投出好成績。在闖過第一關之後，接下來就能輕鬆地投了。他證明日本一線投手也能在大聯盟生存，這對日本投手是很大的激勵。」——王貞治（世界全壘打王，時任大榮鷹隊監督）

・「我有收看衛星直播。雖然有好幾次投到兩好三壞，但都沒失分，是一場大成

功。」——長島茂雄（日本「棒球先生」，時任讀賣巨人隊監督）

・「很好的表現對吧？雖然四壞球偏多，但這就是野茂。」——鈴木啟示（近鐵猛牛隊監督）

・「很高興看到這樣的結果。雖然媒體有各種雜音，但希望他不要在意勝敗，維持豪快的投球風格。」——清原和博（西武獅隊當家第四棒）

・「雖然無關勝敗，但下一場先發應該沒問題。只要肩膀無恙，我相信他能成為王牌投手。」——石井浩郎（野茂前隊友，近鐵猛牛隊主砲）

・「野茂是日本送給美國棒球界的最新禮物。」——《紐約時報》

・「很高興今天站上投手丘。我來大聯盟就是為了一決勝負，我想用有魅力的方式投球，這樣球迷才會願意回到球場。」——野茂英雄

當所有人都認為日本野球選手不可能挑戰大聯盟之際，只有野茂從沒放棄自己的夢想。正如好萊塢女星奧黛麗．赫本的名言："Nothing is impossible, the word itself says 'I'm possible'!" 這世上沒什麼是不可能的，因為「不可能」（impossible）這個字本身就包含了「我是可能的」（I'm possible）。

赫本將一個負面詞彙轉化為正向思考。同理，當野茂面對媒體「叛徒」、「麻煩製造

者」、「拜金男」的惡意攻訐，當大谷翔平被大聯盟球探評價為「高中生水準」，他們非但不受影響，還反過來砥礪自己。野茂告訴自己絕不能輸，因為「如果我失敗了，在我之後的日本選手都會烙印上『失敗』的標籤」；大谷的座右銘是「先入為主的觀念，將使可能成為不可能」，因為「如果一開始自我設限，那就永遠都不可能做到」。正是這樣的人格特質，他們才能成為歷史留名的「先驅者」。

「夢想不會逃跑，逃跑的永遠是自己。」野茂總是選擇與夢想「直球對決」，從不迂迴而行，也絕不逃避推諉。他在一次受訪時這麼說，「在我小的時候，職業棒球是我唯一的夢想。直到現在，當小朋友跑來找我要簽名時，我相信他們也懷抱同樣的夢想。我不希望讓這些孩子們認為『野茂是個會逃跑的投手。』這樣會破壞孩子們的夢想，絕對不行。」

野茂退休後，曾經有人問他，什麼是他野球人生最深刻的記憶？野茂回答，「是我在近鐵的初勝利（一九九〇年四月二十九日，對歐力士），以及大聯盟初登板（一九九五年五月二日，對巨人）。前者是我加入日職一個月以來的第一勝，當天是仰木監督的生日，我覺得自己直到這一天才真正融入團隊；後者則是我在大聯盟第一次上場，是我人生夢想的實現。」

一九九五年五月二日不僅是野茂「夢實現」的一天，更是日本野球武士重返大聯盟舞台的起點。因為就在這一天，野茂將「不可能」變成「我是可能的」。

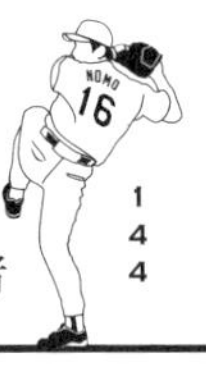

大聯盟生涯首勝，國聯三振王登頂

包含這場初登板在內，野茂在五月份的六場先發一勝難求，不過憑藉著「龍捲風投法」以及「速球／指叉球」的強力組合，他在大聯盟生涯前三十三局狂飆四十九次三振（包括五月十七日對海盜的七局十四K），暫居聯盟三振王，已然證明自己是大聯盟等級的投手。

一九九五年六月二日，道奇主場迎戰大都會，野茂在九局上半退場時球隊以二比一領先。當大都會最後一名打者塞吉（David Segui）在一壘前出局的瞬間，總教練拉索達衝過來緊緊抱住野茂，熱情地親了他的臉頰，王牌投手馬丁尼茲則從後方拍了拍野茂的頭。這是野茂在大聯盟的第一勝，距離上一次日本投手在大聯盟的勝投（村上雅則，一九六五年九月三十日），足足等了一萬零八百三十七天。

「很高興。我只能這麼說。」野茂的聲音在顫抖。全場觀眾起立鼓掌，歡聲雷動，靦腆的他則露出難得的笑容，脫下球帽向觀眾揮舞。

先發八局只被打出兩支安打責失一分，投出六次三振、三次四壞，野茂比下兩度賽揚獎的大都會強投沙伯哈根（Bret Saberhagen）。沙伯哈根生涯對道奇拿下八勝一敗，唯一的一敗就是栽在野茂手上。

對野茂來說，這場勝投遠比想像中還要得來不易。從三月三日加入維羅海灘（Vero

Beach）的道奇春訓營迄今，剛好滿三個月，為了克服近鐵時期右手中指的血泡問題，他在牛棚練投時盡量減少指叉球的使用。

不過真正的挑戰則是在語言隔閡上。由於不會說英語的關係，野茂一開始只能一連串地回答"Yes"和"No"，遇到隊友閒聊俚語，他唯一能說的只有"Great"。因此這場勝投對野茂格外重要，「我在大聯盟前五場先發都無關勝敗，而棒球是一項需要投球與打擊配合才能贏球的運動。在美國，不論你投得多好，除非你贏球，否則不會得到美國球迷與媒體的青睞。尤其我不是美國人，必須花更多時間來贏得他們的支持。如今總算拿下第一勝，球迷也開始支持我了。」

這一切都看在拉索達眼裡，他在賽後說「全世界的日本人都該為他感到驕傲」，一點也不為過。

15

明星賽先發投手——席捲全美的「野茂狂熱」

一九九五年夏天，道奇休息室發生一個意外的插曲，凸顯了野茂英雄過人的精神力。

孟德西的休息室暴走事件

某日賽後，日本棒球記者二宮清純進入球員休息室採訪野茂，剛好遇到一個暴風等級的場面：前一年（一九九四）拿下國聯新人王、二十四歲的多明尼加外野手孟德西（Raul Mondesi），他的置物櫃就在野茂旁邊，當天比賽因為關鍵時刻沒打好，所以孟德西賽後回到休息室就抓狂了。

孟德西用球棒猛砸置物櫃，所有人都驚呆了，沒有人敢上前勸阻，只能屏息看著他失控暴走。同時間野茂就坐在旁邊讀球迷的來信，孟德西的球棒在他頭上來回揮舞。

「我將盡我所能，為那些追隨我的人帶來夢想與希望。」

——野茂英雄

二宮連忙用眼神示意野茂離開，可是野茂反而回以眼神，示意要他留在原地。

孟德西發狂了大約五分鐘。二宮事後回憶說，這五分鐘對他猶如一小時之久，慘的是還有一塊木棒的碎片不偏不倚刺中他胸口，鮮血不斷滲出外衣。儘管如此，緊鄰在孟德西身旁的野茂依舊不為所動，他的眼神甚至沒有離開手上的信紙。

等到二宮回過神來的時候，孟德西已經蹲在地上，大口大口地喘著粗氣。事後二宮問野茂：「你幹嘛不逃走啊？」

「如果當下我選擇逃走，那我這輩子不就要在逃避中度過嗎？既然我沒犯錯，我為什麼要逃走？」野茂回答。

第二天，孟德西就向野茂道歉了。

而在這起事件之後，二宮發現道奇隊友對野茂的態度不太一樣了。老闆歐馬力盛讚野茂是「真正的武士，雖然話不多，卻是個了不起的人」；隊友更加信賴他，有人說「野茂不會逃跑，他是個無所畏懼的男人」。

這是野茂又一次「直球對決」的事例。確實，「直球對決」並不是華人社會受歡迎的人格特質，我們常被教導要知所進退，委曲求全，於是「不說真話才是藝術」，「有禮」凌駕於「有理」之上。但我認為野茂的「直球對決」，強調的是一種「無所畏懼」的精神力。俗話說「逃得了一時，逃不了一世」，「野茂流思考法」則是「逃得了一次，就會逃避一輩子」，既

然如此，何不一開始就拿出勇氣來「直球對決」？

除了勇氣之外，「直球對決」更是誠意的展現。馬偕醫院創辦人馬偕（George Leslie Mackay）博士曾經到南崁一位客家人的店鋪宣教傳道，一開始主人和善有禮，直到一名秀才從中挑撥之後，主人態度就變得無禮而冷淡。在得知秀才的居所之後，馬偕博士便登門拜訪，十分鐘以內，秀才就因羞愧而無地自容。

不管是人生也好，投手丘也好，無須過度強調策略思考，「直球對決」不全然是唐突與霸道，許多時候反而是展現勇氣與誠意的王道。

明星賽先發投手的殊榮

一九九五年六月，野茂投出道奇隊史最偉大的單月投球數據：六場先發拿下六連勝，每場至少投滿八局，五十又三分之一局投出六十次三振，只被打出二十五支安打。其中六月十四日對海盜投出單場十六次三振，締造道奇隊史新人投手的單場三振紀錄；六月二十四日對巨人、六月二十九日對洛磯則是連續兩場完封勝，各三振十三名打者。

此外，野茂單月投出六十次三振、連續四場先發合計五十次三振，都是當時道奇隊史新紀錄。他以全票獲選為國聯六月份最佳投手，也是大聯盟史上第一位獲此殊榮的日本選手。

獲選聯盟「單月最佳投手」的日本選手

野茂是大聯盟史上第一位獲選為聯盟「單月最佳投手」的日本選手，截至二〇二三年為止，獲獎名單如下：

- 野茂英雄：一九九五年六月（道奇）、一九九六年九月（道奇）
- 伊良部秀輝：一九九八年五月（洋基）、一九九九年七月（洋基）
- 田中將大：二〇一四年五月（洋基）
- 達比修有：二〇二〇年七至八月（小熊）、二〇二三年九月（教士）

在六月的瘋狂表現之後，野茂以新人之姿入選明星賽，並成為《運動畫刊》（*Sports Illustrated*）的封面人物。道奇老闆歐馬力的辦公室裡，唯一一張球員的照片就是野茂，歐馬力說「球迷瘋狂愛上他」；《洛杉磯時報》則形容野茂是「穿棒球球衣的麥可・喬丹」，在球迷心目中，他的知名度足以和小葛瑞菲分庭抗禮。

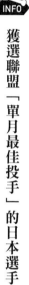

但野茂在大聯盟成功的最大意義是，歷經長達八個月的球員罷工後，他是棒球世界迫切需要的新星，大聯盟需要他，更甚於他需要大聯盟。

明星賽前一週，表定國聯先發投手的麥達克斯（Greg Maddux）鼠蹊部受傷，總教練阿路（Felipe Alou）指定由野茂擔當大任。「我覺得這個明星賽十分特別，因為有野茂英雄。」阿路說，「他來自遠東，而我出身多明尼加，是史上頭一個帶領明星隊的拉丁美洲裔總教練。我相信這對棒球有莫大的好處，野茂英雄也當之無愧，他對棒球界來說真是一塊至寶。」

麥達克斯則大方表示，野茂比他更適合擔任明星賽先發投手，「老實說，我相信有更多人想看他投球，而不是我。他很獨特，擁有某種我所缺乏的魔力。」

七月十一日，明星賽在遊騎兵主場阿靈頓球場（The Ballpark in Arlington）舉行，這是第一次有日本選手參加的大聯盟明星賽。賽前擔任開球貴賓的萊恩，正是野茂兒時的偶像；至於野茂的對手，美聯先發投手蘭迪．強森，則在四年前的美日明星賽鼓勵他挑戰大聯盟。

這場明星賽簡直成了野茂的個人秀，他受歡迎的程度，就連當時如日中天的名人堂球星、「教士先生」昆恩（Tony Gwynn）也甘拜下風：

「我參加過十一次明星賽，但因為野茂，這成為我最難忘的一次。我和邦茲坐在一起聊天，我們發現這是第一次不用被媒體記者和球迷層層包圍，而且就連我們也跟著觀察野茂的一舉一動。」

「這兩天我們看著媒體亦步小趨跟隨他，我還發現他差點沒辦法上廁所，因為一堆攝影記者跟著他進門走入一個房間，然後大家發現是廁所後才悻悻然退出來。這個故事我可以說上好幾年。」

不過連昆恩都不知道的是，野茂在比賽開打前五個小時就提早到球場了，他在接收日本首相村山富市以及日本職棒聯盟會長吉國一郎的賀電。

明星賽在晚間七點三十二分開打，可容納四萬九千一百七十八人的阿靈頓球場擠進五萬零九百二十名觀眾。對照四月底大聯盟才因罷工遭球迷抵制，匹茲堡與聖地牙哥的開幕戰進場人數連七千五百人都不到，在這短短兩個月的時間，野茂成為人聯盟名副其實的救世主。北美有超過一千三百萬個家庭、兩千六百萬人、日本則有一千五百萬人同步收看這場比賽，又由於當時在日本是上班時間，NHK特別在公共場所廣設大螢幕，另有難以計數的上班族聚集在電器行前面觀看比賽直播。

所有日本棒球迷的情緒隨著野茂的每一球而起伏。一局下半，當野茂的第二球被美聯明星隊開路先鋒洛夫頓（Kenny Lofton）打成右外野標竿附近的界外全壘打時，所有人都忍不住吐了一大口氣；兩球之後野茂的「家傳寶刀」指叉球出鞘，洛夫頓揮空三振，各地同時爆出掌聲與歡呼聲。

野茂完成前兩局的先發任務後退場，面對美聯明星隊前六棒洛夫頓、貝爾加（Carlos

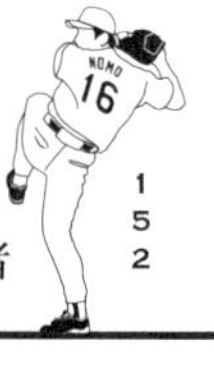

Baerga）、艾德格・馬丁尼茲（Edgar Martinez）、湯瑪斯（Frank Thomas）、貝爾（Albert Belle）、小瑞普肯（Cal Ripken Jr.），這六名選手生涯合計入選明星賽四十五次，拿下二十四座銀棒獎，其中馬丁尼茲、湯瑪斯、小瑞普肯等三人退休後入選名人堂，野茂投出六上六下（包括貝爾加安打後盜二壘遭阻殺）、三次三振，等於有一半的打者是被他三振出局。

INFO

日本投手在大聯盟明星賽之最

· 第一位入選明星賽的投手：野茂英雄（道奇，一九九五）

· 明星賽擔任先發投手：野茂英雄（道奇，一九九五）
大谷翔平（天使，二〇二一）

· 拿下勝投：田中將大（洋基，二〇一九）
大谷翔平（天使，二〇二一）

· 入選明星賽次數最多的投手：達比修有（五次。遊騎兵，二〇一二～二〇一四、二〇一七；教士，二〇二一）

柯林頓：野茂是日本最好的輸出品

加拿大小說家金塞拉（W. P. Kinsella），其創作的棒球小說《無鞋喬》（*Shoeless Joe*）在一九八九年改編成電影《夢幻成真》（Field of Dreams），隔年榮獲奧斯卡最佳影片、改編劇本和原創電影音樂三項奧斯卡金像獎提名，是史上最經典的棒球電影之一。金塞拉曾經這麼形容他心目中的棒球，「在一場三小時的棒球比賽裡，球體實際運動的時間只有短短五分鐘不到。剩餘的時間，無論是球迷、選手、教練，他們都在不斷想像接下來會發生什麼事：下一球會投什麼球？防守該怎麼佈陣？打者要如何擊球？落點在哪？跑者會有什麼動作？所以棒球是一項屬於『思想者』（thinking person）的運動，而這就是我為什麼如此熱愛棒球的部分原因。」

當職業棒球在一九九〇年代日益商業化、娛樂化之際，贏球不再是核心價值，取而代之的是長約、高薪、簽約金、曝光度、廣告代言、雜誌及電玩封面；選手們心心念念的不再是「我能為球隊做什麼」、「我該如何成為孩子們的榜樣」，反之，他們汲汲營營於「我要如何登上《世界體育中心》（Sports Center，ESPN的招牌運動新聞節目）」、「Show me the money!」（運動電影《征服情海》（Jerry Maguire）的經典台詞）。職棒選手的自利與私欲，加上經紀人的推波助瀾，構成了一九九四年大聯盟罷工的背景。

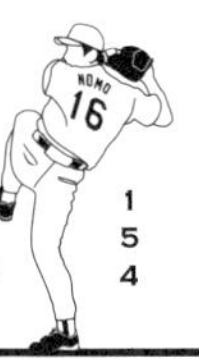

反觀野茂，他帶到美國的不只是炫目的「龍捲風投法」、消失在本壘板上空的指叉球，更是他「一所懸命」的鬥志、「一球入魂」的拚勁。當棒球迷極度厭憎美國職棒勞資雙方「利字擺中間」的同時，卻從一個東方面孔投手身上找回棒球的初心。正如大聯盟主席塞里格（Bud Selig）所言：

「野茂的出現，是今年棒球最美好的一件事。」

「棒球界需要這種讓人感動的故事，而野茂的故事毫無疑問是第一名。」

「回顧過去這段期間大聯盟歷經罷工及勞資問題，野茂出現的時機不可能再更好了。」隊友渥瑞爾（Todd Worrell）則說，「棒球界需要野茂。他將比賽的刺激性重新帶回球場上，特別是在洛杉磯。他讓棒球比賽重現風華，我們必須好好把握。」

一九三四年，貝比魯斯率領的大聯盟明星隊催生日本職業野球聯盟的成立；六十一年後，野茂的渡海挑戰反過來拯救罷工後的大聯盟，為大聯盟的全球化開啟第一道曙光，甚至挽救因貿易摩擦而降溫的美日關係。《紐約時報》認為「多虧了野茂，日本的孤立主義正在消失」，時任美國總統柯林頓（Bill Clinton）更誇讚「野茂是日本最好的輸出品」。

轉戰大聯盟第一年的野茂，就在明星賽這一天登上世界棒球之巔。不過這場比賽竟然是野茂赴美十四年來唯一的明星賽。

野茂在明星賽後依舊犀利，六場先發防禦率僅一．七六，投出四十九次三振，被打擊率只有一成四八；此外，他在六月二十四日至七月十五日期間連四場投出兩位數三振，這項日本投手的紀錄直到二十七年後（二〇二二），才被大谷翔平以連六場兩位數三振給超越。

INFO

美日職棒「連續場次兩位數三振」的紀錄

大谷翔平在二〇二二年六月二十二日至七月二十八日期間連續六場投出兩位數三振，締造日本人選手在大聯盟的最高紀錄。至於美日職棒「連續場次兩位數三振」的紀錄如下：

大聯盟：九場

・佩卓・馬丁尼茲（Pedro Martinez）：一九九九年，紅襪

・克里斯・塞爾（Chris Sale）：二〇一五年，白襪；二〇一七年，紅襪

日本職棒：八場

・則本昂大：二〇一七年，樂天

每當野茂先發的比賽，成千上萬日本民眾站在東京、大阪、名古屋、廣島、仙台、札幌街頭看大螢幕的比賽直播；七月二十五日對太空人的先發，野茂因指甲斷裂提前退場，這竟然成

▲ 1988年9月，20歲的野茂英雄在漢城奧運登板主投，日本隊在該屆奧運的棒球項目摘下銀牌。有媒體認為，這是野茂嚮往大聯盟的開始。（共同通信社／達志影像）

▲ 1989年11月26日，社會人球隊「新日鐵堺」投手野茂英雄在第25屆日本職棒選秀會獲得破紀錄的8球團第一指名。對此，野茂微笑回應媒體：「我深感榮幸。」（共同通信社／達志影像）

▲ 1990年4月29日，近鐵猛牛隊投手野茂英雄在生涯第4場先發對上歐力士勇士隊，他以單場17次三振追平日職紀錄，並拿下職業生涯首勝。而這一天正好是仰木彬監督的55歲生日。（共同通信社／達志影像）

▲ 1990年11月20日，野茂英雄與森木紀久子在大阪都酒店宣布訂婚。（共同通信社／達志影像）

▲ 1993年4月10日，近鐵猛牛隊投手野茂英雄在對日本火腿鬥士隊的開幕戰拿下完投勝。
（共同通信社／達志影像）

▲ 1995年2月13日，道奇球團在洛杉磯召開記者會，總裁歐馬力（Peter O'Malley）宣布以小聯盟合約簽下野茂英雄。這是野茂第一次穿背號16號的道奇球衣公開亮相。（美聯社／達志影像）

▲ 1998年6月1日，洛杉磯道奇隊投手野茂英雄及經紀人團野村聯袂出席球團記者會，回應有關蘭迪・強森（Randy Johnson）交易的問題。團野村是推動野茂以「任意引退」離開日職並挑戰大聯盟的幕後操盤手。（Newscom／達志影像）

▲ 1995年5月2日，洛杉磯道奇隊投手野茂英雄在舊金山燭台球場（Candlestick Park）完成歷史性的大聯盟初登板，對手是舊金山巨人隊。（美聯社／達志影像）

▲ 1995年7月11日，野茂英雄在第66屆大聯盟明星賽擔任國聯明星隊先發投手，地點為德州阿靈頓球場（Ballpark in Arlington）。（美聯社／達志影像）

▲ 野茂英雄最知名的「龍捲風」投球連續動作。（美聯社／達志影像）

▲ 1997年11月19日，野茂英雄出席道奇隊友朴贊浩在韓國漢城舉辦的慈善活動。（路透社／達志影像）

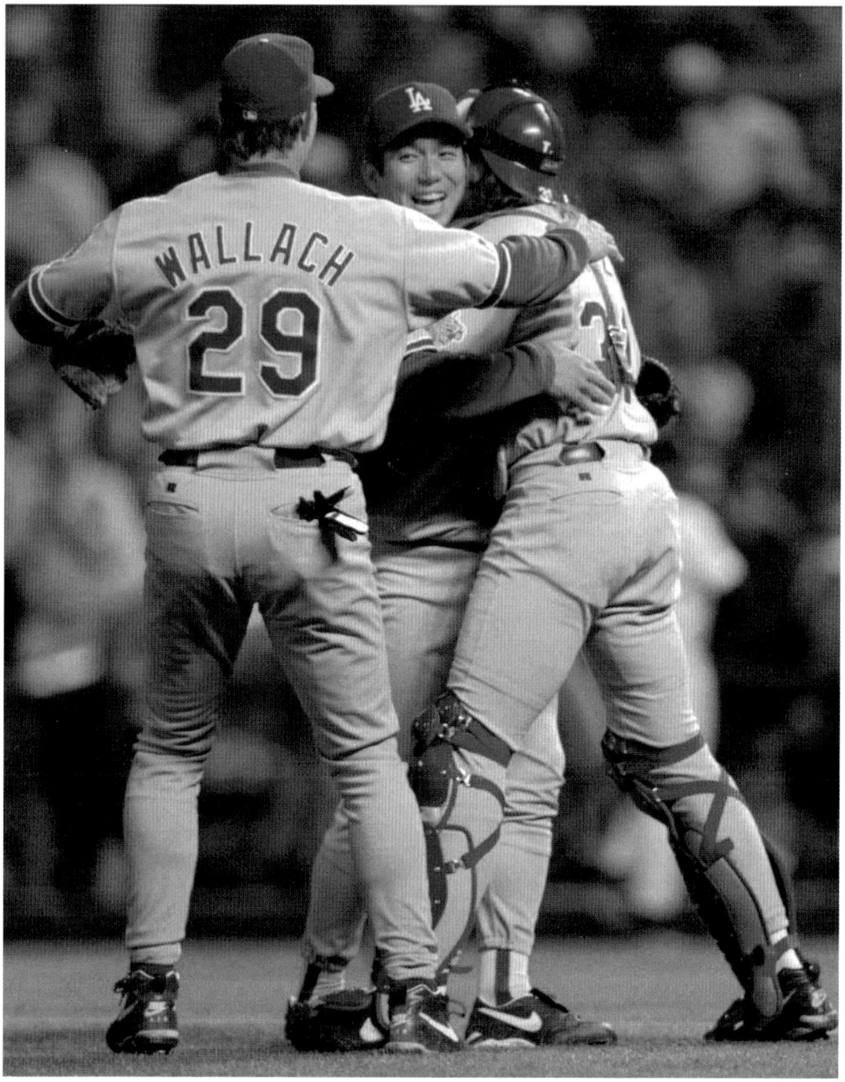

▲ 1996年9月17日，洛杉磯道奇隊投手野茂英雄投出庫爾斯球場（Coors Field）史上第一場「無安打比賽」，賽後接受隊友皮亞薩（Mike Piazza，圖右）及華力克（Tim Wallach，圖左）擁抱祝賀。（美聯社／達志影像）

▲ 2001年4月4日，波士頓紅襪隊投手野茂英雄對巴爾的摩金鶯隊投出生涯第2場「無安打比賽」，圖左及圖右分別為紅襪隊友道拜克（Brian Daubach ）、瓦瑞泰克（Jason Varitek）。（美聯社／達志影像）

▲ 2000年7月19日，底特律老虎隊投手野茂英雄在洋基球場登板投球。他在同年4月3日成為大聯盟史上第1位日本人開幕戰先發投手。（Newscom／達志影像）

▲ 2002年5月12日，洛杉磯道奇隊投手野茂英雄高舉雙臂準備投球，對手為佛羅里達馬林魚隊。重回道奇的野茂改穿10號球衣。（路透社／達志影像）

▲ 2008年4月10日，效力堪薩斯皇家隊的39歲投手野茂英雄對紐約洋基隊中繼登板。同年7月17日，野茂透過日本《共同通信社》宣布退休。（美聯社／達志影像）

イチロー

石井一久

伊良部秀輝

佐々木主浩

野茂英雄

新庄剛志

▲ 野茂英雄在大聯盟的成功，激勵其他日本選手追隨他的腳步渡海挑戰。左上至右下依序為鈴木一朗、石井一久、伊良部秀輝、佐佐木主浩、野茂、新庄剛志。（共同通信社／達志影像）

▲ 2013年8月10日，退休後的野茂英雄重返道奇球場，受邀為坦帕灣光芒隊與洛杉磯道奇隊的比賽開球。（Newscom／達志影像）

▲ 野茂英雄的招牌「指叉球」握法。（共同通信社／達志影像）

▲ 2017年3月11日，野茂英雄擔任第4屆世界棒球經典賽（WBC）準決賽日本與美國之戰的開球嘉賓。野茂穿著日本武士隊16號球衣，與前洛杉磯道奇隊總教練拉索達（Tommy Lasorda）一同出席開球儀式。（共同通信社／達志影像）

為全日本的頭條新聞。

　知名的道奇播報員史卡利發生過一件糗事，他在野茂先發的比賽用日文來計算三振次數，但他最高只會數到「六」（發音為roku）；當他發現野茂的三振次數即將超過六次時，他趕緊在比賽空檔上網惡補「七、八、九、十」的日文發音（shichi, hachi, ku, ju）。結果野茂投出第十一次三振時，又再次把他考倒了，他只好念「ju plus one」。

　九月三十日，道奇客場迎戰教士，這是野茂在季賽的最後一場先發，道奇魔術數字只剩下「一」。他投出八局六安打責失一分、十一次三振，拿下本季第十三勝（另六敗，防禦率二·五四），更重要的是協助道奇分區封王，睽違七年再度晉級季後賽。賽後道奇隊友在休息室合唱"Nomo! Nomo!"，野茂靦腆地低頭微笑。

　球季結束，野茂以二三六次三振拿下國聯三振王，十一月九日獲選為國聯新人王，成為史上第一位日職和大聯盟雙料新人王的選手。CNN報導中的這句話，完美詮釋了野茂的「先驅者」精神，「野茂的獲獎，為大聯盟留下數字難以表達的無形資產。」

「野茂狂熱」的經濟效益，以及催生WBC

　野茂在大聯盟的成功，除了引領日本選手渡海挑戰之外，更重要的是從宏觀的角度促成了「棒球國際化」，進而推升大聯盟的全球知名度、海外轉播權利金、廣告贊助及周邊商品等收入：

・一九九五年道奇球場開設了第一間吉野家，美國球迷一邊學著拿筷子吃牛丼飯一邊看球。在洛杉磯，壽司、拉麵等日本料理店一家接著一家開，這都是拜「野茂狂熱」所賜。

・一九九五年以前，大聯盟年度營收與日職相去不遠，但在野茂跨海挑戰後，海外轉播權利金及廣告贊助不斷創新高，二〇二二年締造近一一〇億美元的歷史紀錄。

除了經濟效益之外，影響最深遠的是人才的流動。因為野茂的成功，大聯盟球團開始派球探去日本尋找下一個野茂；日本職棒球團則發現他們與大聯盟之間的實力差距，並沒有過去想像的那麼遙遠。前日職羅德隊監督、大都會及紅襪總教練瓦倫泰（Bobby Valentine）甚至認為，大聯盟冠軍隊與日職冠軍隊之間應該舉辦真正的「世界大賽」：

「野茂的成功應該能讓所有人知道，未來的棒球是全世界的競爭。」

「如果野茂登板在日本能有超過百分之五十以上的收視率，想像一下洛杉磯道奇對讀賣巨人將是多麼龐大的商機。」

雖然真正的「世界大賽」一直沒有實現，但職棒選手的國際交流（尤其是從亞洲到美國）卻從未停歇，進而催生以職棒選手為核心的國際棒球賽事，亦即「世界棒球經典賽」（World Baseball Classic，WBC）的誕生。

16

「無安打比賽」——究極「打者天國」的投球奇蹟

一九九五年明星賽，唯一從野茂手上打出安打的貝爾加，他在一九九三至一九九四年蟬聯美聯二壘手銀棒獎，一九九五年明星賽前的打擊三圍（打擊率、上壘率、長打率）高達三成二七、三成六七、五成一六，堪稱當時大聯盟最強純打者（pure hitter）之一。

明星賽前，貝爾加特別去找一位野茂的宿敵惡補「龍捲風攻略」。猜猜這個人是誰？

答案是前西武主砲、綽號「黑色閃電」的迪斯多蘭！

「貝爾加和幾位同為拉丁裔的打者來尋求打擊建議，我告訴他們，『野茂是真正厲害的投手，我從以前就深受其害，如今輪到你們了。』」迪斯多蘭笑著說。

一九九〇、一九九一連兩年太平洋聯盟全壘打、打點雙冠王，一九九

「年輕時的努力即使徒勞無功，卻是成長必要的養分。」

——野茂英雄

○年「日本一」系列賽MVP，迪斯多蘭在一九九三年重返大聯盟，成為新成立的佛羅里達馬林魚隊史「初代四番」。

美日職棒生涯功成名就，退休後長期擔任ESPN球評及廣播節目主持人，但迪斯多蘭一直視野茂為生涯最難纏的勁敵，「我始終相信野茂會成功。這不僅僅是因為他的指叉球或身體素質，更因為野茂是個擁有強大精神力的選手。他選擇名門道奇隊，而道奇球迷是很難被滿足的，壓力肯定不小。但野茂有堅韌的心理素質，不會受到影響。這是他能在大聯盟如此活躍的原因。」

而「精神力」正是野茂與一般日職選手最大的分野。對迪斯多蘭來說，他從不覺得日職一軍與大聯盟的距離有想像中遙遠，真正遙遠的是精神層面，「實際上，秋山的體能與大聯盟球星是同一等級的。布蘭德、布馬、迪亞茲（Mike Diaz）……我們這些外籍選手都認為『秋山絕對夠格進入大聯盟』，清原和博、渡邊久信也是。但說真的，秋山若挑戰大聯盟將很難成功，問題不在技術，而是心態沒有準備好。」

迪斯多蘭觀察日職挑戰大聯盟的選手中，鈴木一朗、松井秀喜都擁有強大的精神力，至於新庄剛志的打擊率等數據雖然稱不上是好選手，卻具有同等級的心理素質，這才是他們能在大聯盟打球的主因。當然，這一切都是源自於野茂，「野茂跨越了一座大橋，他激勵其他選手萌生『我也能打大聯盟』的念頭，從而起身追隨。現在的日本選手與二十年前最大的不同，在於

他們從小就以大聯盟為目標，正因為這種心態，日本才能連兩屆稱霸WBC。」迪斯多蘭說。

在訪問最後，迪斯多蘭用一個妙喻來闡釋他心中的野茂與一朗：

「一朗是來自宇宙某個地方的外星人，和他相比，野茂就只是個地球人罷了（笑）。我在一九九五年重返西武，而一朗則在歐力士，雖然每個人都告訴我『一朗超強』，但他給我的第一印象就只是太瘦。結果我第一次看他揮棒就嚇到了，我心想『搞什麼啊！這哪招？』他的右腳像鐘擺一樣大幅度擺動，卻能打出全壘打，就連平凡的內野滾地球也能跑成安打，觸擊短打上壘也行。」

「我從來沒見過這種類型的選手，如果一定要比喻的話，那我會說他有波格斯（Wade Boggs）的打擊能力和科爾曼（Vince Coleman）的腳程，或是昆恩的揮棒加上韓德森（Rickey Henderson）的跑壘速度。」

最後是兩個有趣的補充：

・迪斯多蘭有將「龍捲風攻略」告知貝爾加嗎？其實沒有。「我知道對野茂的打擊攻略與祕訣，但我沒有說。果然一年後，貝爾加告訴我『野茂真的超厲害！』」迪斯多蘭笑著說。

・迪斯多蘭出身洋基農場，一九八八年被交易到海盜，隔年（一九八九）再轉賣到西武。一九八八年九月十五日，他被博覽會隊一名二十五歲的左投手投出生涯第一次三振，後來這名左投在大聯盟二十二年累積四八七五次三振，他的名字叫做蘭迪・強森！

美日友好的重要象徵

新人球季拿下國聯三振王、新人王，賽揚獎票選高居第四名，一九九六年二月二十二日，道奇球團與野茂簽下三年四百三十萬美元的延長合約，他成為道奇隊史第一位在新人球季後就獲得複數年契約的投手。而這正是野茂想要的，「這份合約對我是最好的結果，這就是我要的。這樣我就不用擔心未來兩年的合約問題，可以專心在棒球上。」野茂在記者會上透過專屬翻譯奧村政之這麼表示。

至於道奇隊史第一位新人球季後獲得複數年契約的打者，正是野茂的捕手搭檔皮亞薩，他在拿下新人王隔年（一九九四）與道奇簽下三年四百二十萬美元合約。

道奇總教練拉索達從一九九六年春訓就看好野茂將有更上一層樓的表現，「去年他不知道自己下一步該做什麼，常常問自己『我做得到嗎？』如今他知道自己全部都做得到了。」「我的天啊！去年他在這種情況下都能拿新人王了，我相信今年球季對他來說將容易許多。」

果然不出所料，四月八日的道奇主場開幕戰，野茂就以九局三安打完封前一年世界大賽冠軍亞特蘭大勇士隊，五天後對馬林魚投出大聯盟生涯最高的單場十七次三振，成為道奇隊史繼科法斯、凡斯（Dazzy Vance）、雷蒙·馬丁尼茲之後第四位單場至少十七K的投手。

題外話，四月十六日，時任美國總統柯林頓訪問日本，隔天在東京迎賓館和風別館的晚宴

INFO

史無前例的國聯連五年新人王

自從大聯盟在一九四七年設立「年度新人王」，並由布魯克林道奇隊黑人選手傑基．羅賓森（Jackie Robinson）獲獎以來，截至二〇二二年止，布魯克林／洛杉磯道奇隊總計獲獎十八次，剛好是第二名紐約洋基隊（九次）的兩倍。

道奇在一九七九至一九八二年連四年獲得國聯新人王，一九九二至一九九六年則以五連霸刷新紀錄，野茂與皮亞薩正是締造紀錄的成員之一。各年度獲獎選手、守備位置、當年度數據如下：

- 一九九二年－卡洛斯（Eric Karros）：一壘手，兩成五七打擊率、二十支全壘打、八十八分打點
- 一九九三年－皮亞薩：捕手，三成一八打擊率、三十五支全壘打、一一二分打點
- 一九九四年－孟德西：右外野手，三成〇六打擊率、十六支全壘打、五十六分打點
- 一九九五年－野茂英雄：投手，十三勝六敗、防禦率二．五四、二三六次三振打點
- 一九九六年－霍蘭斯沃斯（Todd Hollandsworth）：左外野手，二成九一打擊率、十二支全壘打、五十九分打點

上，野茂成為日本首相橋本龍太郎與柯林頓之間的熱門話題。

橋本首相：「他（野茂）前幾天拿下第二勝，獲選單週MVP，還投出單場十七次三振，刷新個人紀錄。」

柯林頓總統：「我也喜歡野茂，祝願他成功！」

橋本將一只有野茂親筆簽名的深藍色手套送給柯林頓，在美日貿易失衡、兩國關係緊張之際，野茂成為美日友好的重要象徵。

七月五日，野茂達成美日職棒通算一百勝；九月一日，他成為大聯盟史上第三位「生涯前兩年都投出單季兩百K」的投手；九月十七日在洛磯主場投出「無安打比賽」，則成為他大聯盟生涯的代表作。

究極「打者天國」的「無安打比賽」

一九九六年九月十七日，晚間九點〇五分，氣溫只有五℃的庫爾斯球場（Coors Field）。道奇在客場出戰洛磯的比賽因為下雨而延遲兩小時開打。由於氣溫急凍、寒風刺骨，整場比賽只見裁判戴上手套保暖，場上守備的野手不時對手心呵氣、場邊休息區的隊友們蜷縮在一起互相取暖，至於投手則連握球都有困難。

更糟的是，庫爾斯球場是著名的「打者天國」。球場所在地丹佛市素有「哩高城」（The

Mile High City）之稱，球場觀眾席藍色座椅正是海拔一英里標高的位置。因為地勢高、氣壓低、空氣阻力小的緣故，在這座球場的擊球飛行距離比平地球場多了百分之九，平均得分則比全大聯盟多了百分之二十以上，這裡不只是打者的天堂，更是投手的墳場。

二〇〇二年開始，大聯盟辦公室要求庫爾斯球場將比賽用球存放在一個濕度極高的特殊房間，避免球被擊中後飛得太遠。據說這個作法的靈感，正是來自野茂這場「無安打比賽」。

只是下雨過後，投手丘的泥土泥濘不堪，野茂為了避免滑倒及影響平衡，他的投球動作不敢太大，只好放棄「龍捲風投法」，改採「固定式投球」（Set Position）。

除了上述種種惡劣條件全數到齊之外，洛磯打線更是致命等級的威脅。一九九六年洛磯的團隊得分、全壘打、安打、打點、打擊率、攻擊指數（OPS）全部都是國聯第一，中心打線的「大貓」賈拉拉加（Andres Galarraga）、柏克斯（Ellis Burks）、卡斯提拉（Vinny Castilla）個個單季四十轟以上，比薛特（Dante Bichette）則是單季三十一轟、一四一分打點。在此之前，野茂有兩場比賽被洛磯KO，單場自責分高達五分和七分，難怪連野茂的專屬翻譯奧村政之都不看好他在這場比賽能撐過五局。

果然一開賽野茂就投得荒腔走板，第一局四壞保送加盜壘，洛磯一度攻占三壘，第二、四、六局則四壞保送首名打者，不過野茂憑著意志力愈投愈穩。

九局下半兩出局，野茂仍維持「無安打，無失分」狀態，打擊區是單季打擊率三成四四、攻擊指數超過一的洛磯第三棒柏克斯。球數兩好兩壞，野茂罕見地搖頭否決皮亞薩的暗號，吐氣緩和緊張情緒，接著指叉魔球出手，柏克斯揮棒落空！

再見三振的瞬間，蹲捕的皮亞薩一躍而起，振臂高呼，反觀野茂只是含蓄地輕輕握拳，微笑走上前與皮亞薩相擁，兩人隨即被飛撲上來的隊友淹沒。在熱烈的擊掌與擁抱之後，道奇隊友將野茂高高抬起，回應現場觀眾的歡呼聲。

以下是美日球界及野茂自己，對於這場「無安打比賽」的評價：

・「真沒想到他能達成這項紀錄！」——村上雅則（大聯盟第一位日本人選手，當天比賽的現場轉播球評）

・「他證明了日本野球的高水準，身為日本投手一定格外感動。」——長島茂雄（日本「棒球先生」，時任讀賣巨人隊監督）

・「我認為這場比賽是大聯盟史上最偉大的單場投球表現，不敢相信他竟然做到了。」——比爾・羅素（Bill Russell，時任道奇總教練）

・「我們共同見證了歷史。野茂是個偉大的競技者、真正的職業選手。」——華勒斯（時任道奇投手教練）

・「能在這座球場投出『無安打比賽』，野茂是神人等級。」——皮亞薩（野茂當天比賽的捕手搭檔）

・「信不信由你，但我當時只想著要贏球。對我來說，贏得比賽比無安打更開心。」——野茂英雄

這場「無安打比賽」是野茂當年度第十六勝，樹立亞洲投手在大聯盟單季最多勝的里程碑。這項紀錄直到十年後才被超越，而超越他的並不是日本選手，是「台灣之光」王建民！

最後是一則關於野茂酒量的花絮。某次客場遠征，在洛杉磯往費城的飛行途中，野茂單挑道奇球團酒量超好的某位訓練員，結果訓練員喝到第十八瓶啤酒醉倒，野茂則喝了……三十五瓶！

難怪他現在有一個這麼大的啤酒肚（誤）。

17

「巨怪」交易「龍捲風」——胎死腹中的世紀交易

一九九七年六月十八日，道奇球場。

天使作客道奇的比賽，六局下半開始前，全場超過四萬五千名觀眾爆出巨大的歡呼聲。這些歡呼聲不是為了野茂（他從第一局就先發主投到現在），而是給了六局下半即將登場的另一名日本投手——長谷川滋利。

道奇球場與安那罕球場（Anaheim Stadium，現名天使球場〔Angel Stadium〕）都蓋在高速公路旁，以五號州際公路相連，因此兩隊的對戰暱稱為「高速公路大戰」（Freeway Series），與「地鐵大戰」（Subway Series，洋基對大都會）、「風城大戰」（Windy City Showdown，白襪對小熊）、「灣區大橋大戰」（Bay Bridge Series，運動家對巨人）並列大聯盟最知名的「同城市跨聯盟比賽」。

過去道奇與天使經常在每年春訓熱身賽尾聲，於各自主場與對方進行

「就算是練習，也必須全力以赴。」

——野茂英雄

表演賽，作為開季前的最後調整。一九九七年「跨聯盟交流賽」正式列入季賽賽制之後，同年六月十八日這場「高速公路大戰」，野茂先發主投六又三分之一局，長谷川則自六局下半代表天使中繼登板，兩人的名字同時出現在計分板上。即便重疊的時間短暫，而且最後都無關勝敗，但這可是大聯盟史上第一次「日本選手同場對決」。

雖然野茂在賽後受訪時平淡地說，「只是恰好站在同一個投手丘罷了！」可是回顧他與長谷川的成長歷程，兩人同為一九六八年生，野茂是一九九〇年洋聯新人王，長谷川則為一九九一年洋聯新人王，兩人都知道彼此對大聯盟的志向，也告訴過對方「我想去大聯盟打球」。

就從這一天開始，兩個懷抱同樣夢想的野球人生在同一座球場交會，共同寫下日本選手在大聯盟的新歷史！

不過一九九七年卻也是野茂走下坡的開始。七月二十六日，他被費城人打者羅倫（Scott Rolen）的強襲球擊中右手肘，之後就不斷感覺手肘不適。雖然球季結束後動手術取出手肘附近的游離軟骨，但他已經不再是原來的那個投手了。

隔年（一九九八）野茂提早一個月回到加州進行自主訓練。四月二十八日，他在道奇球場對釀酒人完投九局，只被打出三支安打責失三分，投出十一次三振，拿下當季第二勝，不過真正讓野茂在歷史留名的是七局下半的陽春砲，因為這是日本選手在大聯盟的第一支全壘打，而且這天正好是他生涯第一百場出賽。

可惜這僅僅是野茂當年球季少數的好投。一九九八年開季前兩個月，野茂十二場先發只拿下兩勝（另七敗），防禦率高達五．〇五；加上開季前道奇改朝換代，媒體鉅子梅鐸（Rupert Murdoch）擁有的福斯傳媒集團從歐馬力家族買下道奇球團，當家捕手皮亞薩隨即在五月中被交易到馬林魚。

投球陷入低潮、球團易主、捕手搭檔被送走，這些都構成野茂要求交易的導火線。只是道奇鎖定的交易標的誰都想不到，竟然是水手的「巨怪」蘭迪．強森。

胎死腹中的瘋狂交易

整起事件要從「巨怪」強森開始說起。一九九七年強森拿下單季二十勝（另四敗），防禦率二．二八，二一三局狂飆二九一次三振，水手打線則有小葛瑞菲、艾德格．馬丁尼茲、A-Rod、布納（Jay Buhner）、索蘭托（Paul Sorrento），五名打者合計一七八轟，結果球隊當年季賽「只」拿下九十勝，季後賽首輪就以一勝三敗遭金鶯淘汰。有媒體報導，當時強森的鋒芒被小葛瑞菲、A-Rod蓋過，拿不到長約，又想加入其他更具競爭力的球隊，於是他將所有不滿宣洩在表現糟糕的牛棚身上。「光頭殺手」布納回憶，這種事已經發生好幾次了，當總教練皮尼拉走上投手丘要換下先發的強森時，遭到強森回嗆：「哇操（F**k you），我才不會把

球給你。要輸也該輸在我手上，我已經厭倦這種退場後無關勝敗的比賽了。」

雙方的衝突在一九九八年更加白熱化，嗅到血腥味的其他球團紛紛派遣球探來觀察強森投球的比賽。五月下旬，媒體驚爆道奇將向水手交易強森，代價是野茂與瓦德茲（Ismael Valdes）兩名先發投手，再加上霍蘭斯沃斯、葛雷諾（Wilton Guerrero）兩名野手之一。這則新聞就連在日本也傳得沸沸揚揚，但在雙方高層證實之後，交易竟嘎然而止。

後來在前往巴爾的摩的飛行途中，水手助理總經理皮利卡達斯（Lee Pelekoudas）請訓練員通知強森前來。強森一坐到皮利卡達斯身旁，劈頭就問：「我太太打電話告訴我，她在電視上看到我要被交易到洛杉磯去了。我什麼時候可以走人？」

皮利卡達斯回答：「交易不會發生了，我們傾向把你留下來。」

當下強森臉色鐵青，起身走回座位，下飛機前沒再說過任何一句話。只是包括強森在內的所有人作夢也想不到，當時強行終止這項交易談判的人，竟然是平時不插手球隊事務的母公司任天堂社長山內溥。

更令人意外的是，山內不是想留下強森，他真正有意見的竟然是自己的同胞野茂！

事情是這樣的：一九九五年初野茂決意挑戰大聯盟，山內指示美國任天堂董事會主席、也是水手球團執行長林肯（Howard Lincoln）盡全力搶下野茂，不過林肯誤以為老闆只是「表達興趣」，而不是「下達命令」，所以他沒放在心上；又如前述，總教練皮尼拉在看過野茂的

「龍捲風投法」之後堅決反對。就這樣，道奇簽走野茂，他在當年度拿下國聯新人王，還在賽揚獎票選排名第四。

為了這件事，在日本以頑固與偏執出名的山內，對於網羅野茂這件事更加忿恨。這一天，山內在日本看到電視報導野茂與強森的交易傳聞後，他馬上打電話給半夜還在睡覺的林肯，山內怒嗆：「我相信我已經告訴過你，雖然你負責經營這支他媽的球隊，但只要牽涉到日本選手，你一定要先問過我！」

事後林肯轉達山內的想法。他說，山內的政策是，既然一九九五年水手曾經有機會網羅野茂，卻又自己搞砸，那麼這件事就永遠不會再列入考慮了。

後來的故事大家都知道了。強森在同年下半季被交易到太空人之後拿下十勝一敗、防禦率一・二八，球季結束後他與響尾蛇簽下長約，一九九九至二〇〇二年連續拿下四座賽揚獎，二〇〇一年拿下世界大賽冠軍，還和席林（Curt Schilling）並列MVP。

至於野茂呢？如果當年他被交易到水手，棒球迷將有機會看到「龍捲風」野茂、「朗神」鈴木一朗、「大魔神」佐佐木主浩三大日職傳奇球星在大聯盟同一支球隊並肩作戰。回顧歷史，饒富趣味，光是這個畫面就充滿想像空間了（笑）。

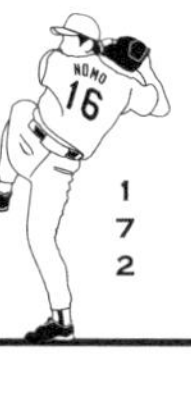

大聯盟史上最速「生涯五百次三振」的投手

野茂在一九九七年四月二十五日對馬林魚投出大聯盟生涯第五百次三振，僅用四四四又三分之二局就達成五百K里程碑，超越一九八五年「K博士」古登（Dwight Gooden）的四四五局，締造大聯盟史上先發投手最快（最少局數）的紀錄。其後這項紀錄陸續被下列投手刷新：

・凱瑞・伍德（Kerry Wood，小熊，二〇〇一年）：四〇四又三分之二局
・達比修有（遊騎兵，二〇一四年）：四〇一又三分之二局
・荷西・費南德茲（Jose Fernandez，馬林魚，二〇一六年）：四百局

永遠的好朋友

在與水手的交易破局之後，道奇宣布將野茂「指定轉讓」（Designated for assignment，DFA），雙方分道揚鑣只是時間問題而已。即將離開待了四年的洛杉磯，野茂對道奇充滿感激，「我由衷感謝道奇球團，是他們讓我挑戰大聯盟的夢想得以實現。」但他並不害怕改變，「我需要換個環境重新開始，這是事實，我想到一個需要我投球的球隊。」

道奇前老闆歐馬力出售球隊之後，仍然在道奇球場保有自己的辦公室。在野茂被「指定轉

讓」的這一天，來了一位特別的訪客，野茂帶著他大聯盟生涯首轟的全壘打球要送給歐馬力。

歐馬力收下了，但他告訴野茂，應該將這顆球送給兒子，因此他只是代為保管，將來會親自轉交給野茂的兒子。

歐馬力告訴《洛杉磯時報》：「我會和他保持密切聯繫，也會持續支持他。我要讓他知道，他在這裡永遠有個好朋友。」

18

戰力外、移籍、復活——野球浪人的逆境力

二〇一一年松坂大輔進行「尺骨附屬韌帶重建術」（Ulnar Collateral Ligament Reconstruction，俗稱Tommy John Surgery），球季報銷，《運動畫刊》專欄作家湯姆·佛達西（Tom Verducci）提出「除了少數特例之外，日本投手的賞味期通常只有三年」的觀點，與日本媒體「日本投手三年限界說」相呼應：松坂和野茂英雄同樣在二十六歲挑戰大聯盟，伊良部秀輝、石井一久是二十八歲，吉井理人則是三十三歲。他們的共同特色是初登大聯盟都頗為成功，第三、四年開始歷經傷病及衰退：

·野茂在第三年明顯退化，球季結束後手肘動手術，第四年直接被道奇「指定轉讓」。

·伊良部第四年只拿下兩勝、防禦率高達七·二四，在此之後只先發過五場。

「我絕不滿足於現狀。我會堅持成為我心目中理想投手的形象，不斷挑戰自我，直到最後。」

——野茂英雄

・吉井第三年戰績六勝十五敗、防禦率五・八六，球季結束後遭釋出。
・石井第四年只拿下三勝，球季結束後遭釋出。
・松坂第三年只拿下四勝、防禦率五・七六是前一年的兩倍，第四年多次進出傷兵名單，第五年動手肘韌帶手術。

佛達西點出問題所在：日本的比賽用球較小，許多比賽在室內（巨蛋球場）舉行，先發投手一週只登板一次，投球訓練看似草率而欠缺計畫。因此大聯盟對日本投手的長期投資必須更謹慎，畢竟他們是在與美國截然不同的環境下投球。

但真正的問題是日本投手的長期投球負荷量。道奇在一九九五年簽下野茂之後，才從日本得到他完整的出賽紀錄，當球團高層看到野茂在日本職棒有六十一場先發投球數超過一四〇球，包括一場完投總共投了一九八球、保送十六名打者，他們簡直快瘋了；松坂也不遑多讓，他在高中時期曾經單場投了二五〇球，二〇〇三年在西武開幕戰投了一八九球，十八歲轉入日職的前三年就投了多達五八八局。

至於「西武隊史最強洋助人」、退休後在ESPN及FOX擔任球評的迪斯多蘭，也曾經神準預言，「日本投手在第一、二年表現優異的原因是大聯盟對手沒有他們的情報與數據資料。但第三、四年起，大聯盟各隊分析人員及資料庫累積大量影像及數據資料，投手簡直無所遁形。對日本投手來說，第三、四年才是勝負的關鍵。」

但有一項是大聯盟再厲害的進階數據也無法加以量化及解析的，那就是野茂的「精神力」。他在三十歲那年被道奇遺棄，卻能在紅襪投出生涯第二場「無安打比賽」，幾年後再重返道奇連兩季投出十六勝。不屈的「逆境力」，就成為野茂職業生涯後期的故事主軸。

「浪人生涯」時間軸

一九九八年離開道奇之後，野茂在接下來十年轉戰十一支球隊，日本媒體則用「狂熱、戰力外、移籍、復活」來總結這段歷程。以下是野茂「浪人生涯」的時間軸：

- 一九九八年六月四日：被道奇交易到大都會
- 一九九九年三月二十六日：被大都會釋出
- 一九九九年四月一日：加盟小熊
- 一九九九年四月二十三日：被小熊釋出
- 一九九九年四月二十九日：加盟釀酒人
- 一九九九年十月二十八日：被費城人從釀酒人的「釋出名單」中撿走
- 一九九九年十月二十九日：成為自由球員
- 二〇〇〇年一月二十一日：加盟老虎
- 二〇〇〇年十一月二日：被老虎釋出

・二〇〇〇年十二月十五日：加盟紅襪
・二〇〇一年十一月五日：成為自由球員
・二〇〇一年十二月二十一日：加盟道奇
・二〇〇四年十一月一日：成為自由球員
・二〇〇五年一月二十七日：加盟魔鬼魚
・二〇〇五年七月十六日：被魔鬼魚釋出
・二〇〇五年七月二十九日：加盟洋基
・二〇〇五年十月十五日：成為自由球員
・二〇〇六年三月六日：加盟白襪
・二〇〇六年六月七日：被白襪釋出
・二〇〇八年一月九日：加盟皇家
・二〇〇八年四月二十五日：被皇家釋出

在這十年間，野茂曾經超過一年半沒有任何大小聯盟合約，其間還流落到委內瑞拉冬季聯盟；也曾經加盟球隊不到一天，還來不及穿上新球衣就重新成為自由球員。對於曾經被譽為「大聯盟救世主」的球星來說，如果不是對棒球的熱愛，以及無與倫比的意志力，絕不可能走得如此漫長而堅定。以下是這段「浪人生涯」的重點回顧。

大都會（一九九八年）

離開摯愛的道奇之後，大都會顯然是最適合野茂的下一站。近鐵時期的賢拜兼摯友吉井理人同年一月加盟大都會，老搭檔皮亞薩則在兩週前才從馬林魚被交易過來，總教練瓦倫泰過去執教日職羅德隊、與日本淵源極深，道奇時期的投手教練華勒斯則擔任大都會總經理菲利普斯（Steve Phillips）的特助。

事實上，一九九七年球季結束後宣布行使自由球員資格、隨後在讀賣巨人隊與大聯盟之間搖擺不定的吉井，正是因為野茂的一通電話而做出決定。「你必須誠實面對自己內心深處的想法，如果留在日本並與巨人或其他球隊簽約，你一定會後悔一輩子。你必須停下腳步，想想自己正在做的事，重新審視自己。」野茂在話筒的另一端對吉井說。

大都會對野茂的加盟期望甚殷，從他的球衣背號十六號就看得出來。一九九四年傳奇投手「K博士」古登離隊後，這件十六號球衣原本已經被「鎖住」，不再提供球員或教練使用，但球團特地為了野茂而破例（後來松坂大輔在二〇一三至二〇一四年效力大都會期間，也穿上十六號球衣）。

只是野茂讓大都會失望了，戰績四勝五敗、防禦率四・八二，每九局五點六次四壞則是生涯新高。隔年（一九九九）遭大都會釋出前後，野茂從日本調來近鐵時期的投球錄影帶，比較投球機制後發現是上半身晃動的問題，只是為時已晚。

INFO

隊史最多日本選手的大聯盟球隊

大聯盟哪支球團最哈日？登錄過最多日本選手？球迷憑直覺或許會猜水手、道奇，但其實是大都會。

瓦倫泰在一九九五年擔任羅德監督，返美後執教大都會長達七年；至於瓦倫泰在羅德的專屬翻譯大慈彌功，則在一九九七至二〇一一年擔任大都會環太平洋本部長，主導日本地區的球探活動。兩人對於大都會球團引進日本選手，具有高度影響力及重大貢獻。

截至二〇二三年開季為止，大都會登錄過十五名日本選手，名單如下：

・柏田貴史（一九九七年）
・吉井理人（一九九八至一九九九年）
・野茂英雄（一九九八年）
・鈴木誠（一九九九年）
・新庄剛志（二〇〇一、二〇〇三年）
・小宮山悟（二〇〇二年）
・松井稼頭央（二〇〇四至二〇〇六年）

．石井一久（二〇〇五年）
．高津臣吾（二〇〇五年）
．高橋健（二〇〇九年）
．五十嵐亮太（二〇一〇至二〇一一年）
．高橋尚成（二〇一〇年）
．松坂大輔（二〇一三至二〇一四年）
．青木宣親（二〇一七年）
．千賀滉大（二〇二三年～）

至於第二名則是水手隊，共登錄過十名日本選手。

釀酒人（一九九九年）

在一個月內連續被大都會和小熊釋出後，野茂以二十五萬美元低薪加入釀酒人，還穿回近鐵時期的十一號球衣，象徵重新出發。五月九日重回大聯盟的第一場比賽對上巨人，他先發六又三分之一局責失一分拿下勝投，為「不死鳥」人生揭開序幕。

身處積弱不振的釀酒人，野茂在前十一場決定勝負的比賽拿下九勝，是釀酒人年度勝投王（十二勝）和三振王（一六一次三振）。

老虎（二〇〇〇年）

二〇〇〇年四月三日，野茂成為大聯盟史上第一位開幕戰先發的日本投手，對運動家先發七局責失三分拿下首勝。

這一年在老虎的戰績八勝十二敗、防禦率四·七四，一八一次三振則是球隊三振王。

INFO

大聯盟史上開幕戰先發的日本投手

截至二〇二三年開季為止，共有七位日本投手在大聯盟榮膺開幕戰先發重任，其中以田中將大的四次最多。名單如下：

- 田中將大（四次）：二〇一五至二〇一七年、二〇一九年（洋基）
- 野茂英雄（三次）：二〇〇〇年（老虎）、二〇〇三至二〇〇四年（道奇）
- 達比修有（三次）：二〇一七年（遊騎兵）、二〇二一至二〇二二年（教士）
- 松坂大輔（一次）：二〇〇八年（紅襪）
- 黑田博樹（一次）：二〇〇九年（道奇）
- 前田健太（一次）：二〇二一年（雙城）
- 大谷翔平（兩次）：二〇二二至二〇二三年（天使）

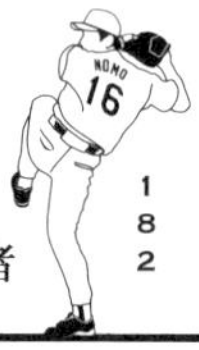

紅襪（二〇〇一年）

二〇〇一年四月四日，野茂在紅襪當年球季的第二戰就投出「無安打比賽」，這是大聯盟史上「開季後最快出現無安打比賽」的紀錄。其他紀錄包括：

·野茂在國聯和美聯都投出過「無安打比賽」，大聯盟史上第四人，前三位分別是賽揚（Cy Young）、吉姆·邦寧（Jim Bunning）、萊恩，暨二〇〇四年投出「完全比賽」成為第五位成員的蘭迪·強森，都已入選名人堂。

·野茂與蘭迪·強森成為大聯盟史上僅有兩位「二十世紀及二十一世紀都投出過『無安打比賽』的投手」。

·五月二十五日，野茂對藍鳥投出九局一安打完封。大聯盟史上僅有兩名投手曾經在同一球季投出「無安打比賽」和「一安打完封」，另一名是凱文·布朗（Kevin Brown）。

野茂二〇〇一年在紅襪投出十三勝十敗、防禦率四·五〇，單季二二〇次三振榮登美聯三振王，距離他上次拿下聯盟三振王已經是六年前的事了。

道奇（二〇〇二至二〇〇四年）

二〇〇一年球季結束後，紅襪開出三年兩千萬美元的優渥條件續留野茂，卻被野茂拒絕了，他選擇以兩年一千三百七十五萬美元的合約重返道奇。野茂在記者會上感性地說，「我很高興能再次為道奇效力，我從沒想過自己還有機會回來，但很榮幸，會努力讓球迷再次站出來支持我。」

重回老東家的野茂，球衣背號由十六號改為十號，隨隊採訪的日本記者人數由三位數減為個位數，但不變的是他的鬥志。二〇〇二年，三十三歲的野茂重拾王牌身手，五月十七日之後拿下十四勝一敗，當年度戰績十六勝六敗、防禦率三．三九、一九三次三振。

二〇〇三年野茂被指定為開幕戰先發投手，對手則是國聯賽揚獎四連霸的響尾蛇王牌、「巨怪」蘭迪．強森。這場大聯盟版的「平成名勝負」，強森最快球速高達一五六公里，比野茂快了十公里，但「熟成版」的野茂卻能利用精準度更高的指叉球不斷製造打者出局，終場就以一〇三球投出九局四安打完封，率領道奇以八比〇大勝響尾蛇。這一年他再度拿下十六勝，防禦率三．〇九高居國聯第六，還在當年度最後一場出賽（九月二十五日對教士）達成「日美通算三千次三振」的里程碑。但球季結束後的肩膀手術卻讓他在隔年（二〇〇四）投不出球速，四月二十七日至九月一日苦吞十連敗，最後就以四勝十一敗、防禦率八．二五結束在道奇的最後一年。

值得欣慰的是，這次野茂重新穿上道奇藍色球衣，同時期鈴木一朗、新庄剛志、石井一久、田口壯、松井秀喜、松井稼頭央也同樣活躍於大聯盟賽場上。如果沒有野茂在一九九五年

成為洛杉磯的「Nomo」，這樣的盛況是不可能發生的。

一個場外花絮：二〇〇二年三月，以野茂、伊良部秀輝、鈴木誠為首的日本人集團買下獨立聯盟的埃爾邁拉先鋒隊（Elmira Pioneers）。由現役職棒選手擔任球團經營者是非常罕見的，但野茂長期致力於擴大日本棒球選手在美國打球的機會，這是他願望的實現。

白襪（二〇〇六年）

前一年六月十五日才成為棒球史上第一位「日美職棒通算兩百勝」的投手，不過任誰都知道，「英雄遲暮」，這是夕陽下山前最後的餘暉。因為這樣，魔鬼魚隊在野茂達成兩百勝里程碑的一個月後就將他釋出；接下來歷經洋基小聯盟，以及乏人問津的漫長冬季，經紀人團野村甚至已想好退路，轉而與歐力士隊洽談二〇〇六年回鍋日職的可能性。

只是在最後一刻，野茂還是回絕了日職，他選擇在二〇〇六年三月初與白襪簽下一紙小聯盟合約。被問到是否排斥回日本？野茂淡定地回答：「不是討厭日本，我只是想在大聯盟打球。」

曬到黝黑的臉龐留著稀疏的鬍渣，身形發胖的野茂，這次在白襪改穿二十一號球衣，原因無他，只因為這是剩餘球衣中他唯一穿得下的尺寸。此刻的野茂不再留戀過去的球衣背號，他夾雜在一群名不見經傳的年輕選手之中，默默完成訓練菜單的每一個項目。場邊少了球迷的歡呼聲，顯得格外冷清，但野茂就如同十一年前初到美國時下定決心，「我要在大聯盟投球。」

訓練結束後，野茂在休息室入口與小六歲的井口資仁巧遇，井口摘下球帽，恭敬地向他鞠躬致意。對日職後輩來說，野茂令人尊敬之處，不只在他所締造的紀錄，更是他對棒球的熱情。

肉體的極限

二〇〇六年夏天，北卡羅萊納州夏洛特市的騎士球場（Knights Stadium）。

一個陽光燦爛的午後，即將滿三十八歲的野茂，正在外野來回追著球跑。

撿球是小聯盟投手的工作之一，即便大名鼎鼎如野茂也不能例外。

右手肘的劇烈疼痛，嚴重影響野茂的日常生活與職業生涯。他曾經痛到連礦泉水瓶也拿不動，六月下旬進行右手肘手術之前，白襪球團已經和野茂解約，此刻的他其實是無合約狀態。只見他右手垂在身側，吃力地彎腰用左手單手撿球、單手傳球，將球丟到二壘後方的集球網裡。就連前來採訪的日本記者也看得出來，眼前的野茂，肉體已經到達極限了。

在被問到為什麼還要繼續打棒球，野茂不假思索地回答：「因為喜歡棒球。」

難道不覺得自尊心受傷嗎？「不，我完全不在意這種事。」

在小聯盟打球不辛苦嗎？「那些都是無法改變的事，就算想著那些無法改變的事也沒有

用。」

在野茂一連串明快的回答之後，下面這個問題卻讓他遲疑了，「如果有一天，你覺悟到是該脫下球衣的時候了，那會是什麼時候？」野茂停頓了許久才回答：「這一天……我還不知道。」

年齡、受傷、小聯盟，對野茂都不是問題，只要有機會，就要繼續挑戰。野茂的靜默與堅毅，正是武士道精神的體現，近年來日本棒球被廣泛稱為「侍野球」，日本國家隊則稱為「侍Japan」（日本武士隊），《日刊體育》就認為有部分是受到野茂的影響。

19 終局之戰——一個時代的結束

二〇〇八年七月十七日上午十一時許，「NOMO野球俱樂部」辦公室的電話響了，總教練鈴木俊雄接起話筒。

「NOMO野球俱樂部」是野茂英雄為了促進「業餘野球活性化」，而在二〇〇三年創立的社會人球隊。二〇〇四年經大阪府認定為非營利組織並登錄於「日本野球聯盟」，隔年（二〇〇五）在「全日本俱樂部野球選手權大會」首次參賽就獲得優勝。

兼任球隊副理事長及總教練的鈴木俊雄曾經效力於日職羅德隊，他是野茂最親密的戰友，兩人同樣出身社會人球隊，一起入選日本國家隊。一九九五年野茂挑戰大聯盟，鈴木則來台加盟味全龍隊，成為中職罕見的日籍捕手。

這一天野茂一如往常地在電話中與鈴木總教練商討球隊的經營及管理

「與其承認自己是『日本人』，我更強烈意識到自己是『棒球人』。」

——野茂英雄

問題，直到掛電話前才淡淡地說了一句「我會在今天宣布引退」。

當天晚上集訓前，鈴木總教練向全隊宣布這則消息。主將和田尚也感性地說：「感謝野茂桑，我們才能繼續打棒球。我們會將這份感激之情銘記在心，盡自己最大的努力打球。」鈴木總教練則說：「『龍捲風投法』席捲日美球界，所有人都以他為目標。只是時間到了，這是一個時代的結束。」

野茂：棒球選手不需要「引退」這個詞

野茂說過一句名言：「我認為棒球選手不需要『引退』這個詞。」二〇〇八年一月，他與堪薩斯皇家隊簽下一紙小聯盟合約。一個月後當野茂前往春訓營報到時，他的體重超標九公斤，身材發福的他跑得比教練還慢。

尤有甚者，野茂上次在大聯盟出賽是二〇〇五年七月十五日，已經是將近三年前的事了。雖然他在為日本飲品拍攝的廣告中宣示「現役，續行，目標是第三場『無安打比賽』」，但所有人都知道這只是廣告台詞罷了。

只有野茂自己不這麼認為，他是認真的。

當然，野茂不否認自己一直在「現實與一線希望之間來回糾結」，他也知道所有人都在談論他退休的事，但他堅持「棒球選手不需要『引退』這個詞」，因為「只要身體獲得足夠的休息，就有機會復活」。

但真是如此嗎？

這些年來歷經嚴重的肩膀與手肘受傷，加上將近四十歲的年紀，每個人都知道他的身體已經到達極限，身材走樣，速球與指叉球完全沒有全盛時期的犀利，控球也達不到大聯盟水準。所有人心知肚明，只差有一個人去掛鈴鐺，告訴他「知所進退」的道理，但沒有人會這麼做，因為熟識野茂個性的人都知道他有多頑固。

只是反過來想，這種頑固不正是造就野茂成為「先驅者」的特質嗎？

退休的原因是「不想向球迷說謊」

七月十七日，野茂向日本《共同通信社》告知退休的決定，沒有引退賽，甚至連記者會也沒有，相當符合他寡默的性格。至於決定引退的關鍵，是他「不想向球迷說謊」：

「最終的關鍵在於我必須對球迷誠實、不說謊。我知道自己已經投不出球迷所期待的水準，這一點我是知道的。」

「我不能模稜兩可，必須畫出明確的界線。所以我要向球迷報告，我不認為會有任何球團需要我。」

事實上，在這將近三年沒有人聯盟比賽的日子，野茂比任何人想的都還要努力。他待在洛

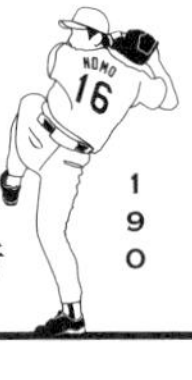

杉磯的訓練中心持續復健並模擬實戰投球練習；二〇〇七年初，他在佛羅里達使用最新的設備進行調整，據說這台機器後來被清原和博買回歐力士隊，光是運送和安裝就花費了數千萬日圓；同年十月，手肘復健良好的野茂在洛杉磯宣布復出，透過前道奇隊友卡洛斯．賀南德茲（Carlos Hernandez）的引介，他遠赴委內瑞拉冬季聯盟加入「加拉加斯獅子隊」（Leones del Caracas），七場先發只投了十三又三分之二局，防禦率高達六．五九。

二〇〇八年四月十日，野茂穿著皇家隊九十一號球衣重返大聯盟投手丘，距離上次在大聯盟投球已經是一千天前的事了。注意到了嗎？若將野茂最具代表性的十六號旋轉一百八十度，正是九十一號，這或許象徵野茂想再一次翻轉一般人看衰他的刻板印象吧！

在這三場重返大聯盟的比賽，野茂放棄招牌的「龍捲風投法」，改為「固定式」投球，據他說是為了減少對手臂造成的壓力，但也因為這樣，復出後的球速連一四〇公里都不到。儘管比賽過程中，野茂曾用指叉球對同胞松井秀喜、鈴木一朗投出三振，證明傳家寶刀未老，不過四又三分之一局的投球被打出十支安打（包括三支全壘打），防禦率高達十八．六九，兩天後，他接到皇家的戰力外通知。

「許多職棒選手在退休時都會說，自己的棒球生涯了無遺憾。但對我來說，我是覺得遺憾的。」「我決定退休。雖然我的內心仍渴望繼續投下去，但若只憑著自己的意願，投得不上不下、甚至半途而廢，那只會給周遭人帶來困擾。」野茂對《共同通信社》記者說。

曾經，全盛時期的野茂投球時是沒有打者存在的。當然這是種極端的譬喻，實際上打者正手握球棒佇立於打擊區，但在野茂心裡，他並不是投球給打者打，而是要以自己的投球形式，貫徹自己想要投出的球路軌跡，無論打者是誰，他都有信心拿下三振。這種無視對手的自信心，正是野茂的「龍捲風」最迷人之處。

但在歷經一九九八年被道奇交易、隔年再被大都會釋出之後，野茂在一次次重新出發的過程中得到不同球團隊職員的友善對待，他終於體悟到一個道理：過去他打球的目標就是要投出好成績，他認為這樣才能幫助到球隊，而且對此深信不疑；但現在他發現，只要盡己所能，就能以各種不同的形式幫助球隊，而不是只有自己的成績。

自此之後，野茂開始從更多團隊的角度思考，不再只是自己的投球數據；當他發現自己能協助低潮的隊友重回軌道時，他知道自己的「人間力」已經有所增長了。

四月十八日，野茂職業生涯的「終局之戰」，他只解決一人次，卻依序被打出二壘打、一壘打、全壘打狂失三分。退場後的野茂坐在置物櫃前面，兩眼通紅，對於未來，他鐵定有自己的想法，但從團隊與球迷的立場思考，三個月之後，野茂選擇引退，為長達十九年的職棒生涯劃下句點。

一個時代的結束

野茂曾經說過：「能在最高水準的大聯盟繼續挑戰下去，是我到美國的唯一目的。」一九九五年，他乘桴渡海，撬開了日本選手進入美國職棒的大門；十三年後，就如戰友鈴木俊雄所言，這個時代終究有結束的一天。

以下是美日球界人士以及挑戰大聯盟的日職後進們，對於野茂引退的致敬與祝福：

・「他證明了日本棒球水準與大聯盟並沒有那麼大的差異，他激勵了其他人追隨他的腳步。」——王貞治

・「在野茂桑來這裡之前，每個人都認為大聯盟選手就跟神獸沒兩樣，因為他們是如此巨大。但現在我們會想『或許我也能在大聯盟打球！』」——鈴木一朗

・「我認為今天日本選手能活躍於大聯盟，有很大一部分必須歸功於野茂桑的巨大影響力。」——松井秀喜

・「初中時，他給了我一個明確的目標：大聯盟。從那個時候開始，我的人生目標就是要和他在同一座球場打球。」——松坂大輔

・「野茂桑提升了日本選手在美國的評價。能穿著野茂桑穿過的（道奇）球衣上場比賽，我深感自豪。」——黑田博樹

・「身為日本人，他在大聯盟創造了歷史。」——齋藤隆

・「他是偉大的『先驅者』，我很尊敬他。真希望有機會和他在大聯盟投打對決，哪怕只有一次也好。」——岩村明憲

・「野茂是真正偉大的選手。在他達成史無前例的成就之後，卻還覺得棒球人生留有遺憾，這讓我再次感受到他的偉大。」——清原和博

・「我想對他說『辛苦了』，他對日本職棒界有著極為巨大的貢獻。我希望他繼續努力，永不放棄，但我知道他已經為我們做得夠多了。」——成城工野球部監督宮嵜彰夫

・「他改變了一切。如果沒有他，我懷疑現在是否有任何日本選手能在美國打球。」——棒球作家懷廷

INFO

「NOMO野球俱樂部」

一九九四年，由於鋼鐵市況不景氣，「新日本製鐵堺」公司決定暫停野球部，二〇〇八年正式廢部。出身該隊的野茂有感於社會人野球從一九六三年最高峰的二三七隊，遽減到二〇〇三年只剩下八十四隊，遂於二〇〇三年成立這支社會人球隊。

「NOMO野球俱樂部」成立初期就以新日鐵堺野球部曾經使用過的「堺濱棒球場」為其主場，二〇一三年後將根據地移往兵庫縣豐岡市。豐岡市以「城崎溫泉」而聞名，當地溫泉旅館提供選手工作及住宿，二〇一五年溫泉街發生火災，選手們還自願投入重建工程。

「NOMO野球俱樂部」成立至今已培養出柳田殖生（中日－橫濱）、藤江均（橫濱－樂天）、福元淳史（軟銀）等日職選手。而野茂非常念舊，除了自己擔任代表理事並挹注資金外，另一位代表理事清水信英則是野茂在新日鐵堺野球部敬重的賢拜；至於二〇二三年的現任理事包括金村義明、光山英和、佐佐木修、池上誠一、小池秀郎等，他們都是野茂在近鐵時期的隊友。

PART 4
與神同行的野球魂

野茂英雄與鈴木一朗激勵了無數日本棒球後進與球迷，
但歸根結柢，野茂才是改變一朗想法的那個元祖「先驅者」。
「野茂桑一百八十度地改變了我的野球觀……身為球迷，
我很榮幸見證他的成功。」一朗如是說。

20

仰木彬——打造野茂與一朗的「仰木式育成術」

野茂英雄、鈴木一朗、長谷川滋利、田口壯、吉井理人，他們有什麼共通點？許多球迷第一個聯想到的是，他們都從日本職棒跨海挑戰大聯盟。

但還有一項交集：這些選手，他們都是「仰木門下生」！

這位在一九五〇年代繼承名監督三原脩的老教頭，長達四十八年的職棒選手、教練、監督生涯中，能與時俱進、順應時代潮流，進而孕育出日本野球史上最偉大的兩名「先驅者」——野茂與一朗，仰木彬既懷舊又創新的帶兵哲學，正是他的魅力所在。

「就如同登山有不同的路徑，你不能將自己的成功經驗強加在別人身上。」

——仰木彬

野茂：沒有仰木監督，就沒有現在的我

日本球界將仰木彬的監督術稱為「仰木魔術」，一個最有名的例子就是「貓眼打線」。仰木執教歐力士時期，球隊並沒有固定的先發打序，往往隨著對方先發投手不同而改變，就如同貓的眼睛在一晝夜之間會隨著外界光線強弱的周期性，而呈現不同的瞳孔變化。

正因仰木監督變幻多端的先發打線，經常獲致意想不到的效果，球界於是冠以「魔術」的美名。不過身為仰木監督在近鐵時期的愛將，金村義明如此詮釋：「這根本不是魔術，而是精密計算後的戰術。他總是隨身攜帶數據，就放在口袋裡。只不過對他人來說，這一張張紙就是滿滿的數字，沒有人能理解其中的奧妙。」

另外，仰木在歐力士時期的愛徒一朗，他觀察仰木監督的特質在於「洞燭機先，總是比任何人早一步掌握時機，不管是決定戰術或向三壘指導教練下達暗號，他的速度快到讓人難以置信。」

仰木監督在球場上的戰術以大膽、縝密著稱，但「仰木魔術」真正的精髓，其實在於球場外的管理哲學，

仰木監督對野茂、一朗兩大傳奇球星的影響力究竟有多大？看看下面這兩件事就知道了。

・二〇一四年一月十七日，野茂成為史上入選日本野球殿堂最年輕的選手。在被問到人生

最難忘的比賽時，野茂回答的並不是大聯盟生涯第一場勝投，而是一九九〇年四月二十九日加盟近鐵後的首勝，因為這一天正好是仰木監督的生日！而在仰木彬二〇〇四年入選日本野球殿堂時，野茂也表達「沒有仰木監督，就沒有現在的我」的崇敬心情。

二〇一六年八月七日，一朗達成大聯盟生涯三千安的里程碑。在被問到最想感謝的人是誰，一朗這麼說：「打出第三千支安打的一瞬間，我第一個想到的是仰木監督。二〇〇〇年秋天在神戶，我藉著酒意想說服他同意我挑戰大聯盟，當時如果沒有仰木桑的決斷力，我什麼都沒辦法開始。這就是我腦海中唯一浮現的念頭。」正因如此，仰木彬是一朗口中「唯一の師匠」。

「仰木式育成術」：野茂篇

仰木彬有一句名言：「就如同登山有不同的路徑，你不能將自己的成功經驗強加在別人身上。」

球員時代的仰木效力於西鐵獅隊，這支球隊當年稱為「野武士軍團」，因為他們集合了各種不同特性的選手。這樣的經歷，讓仰木後來擔任教練時發展出因人而異的管理哲學。野茂正是仰木監督因材施教的經典案例，據說在決定加盟近鐵球團之後，野茂對仰木監督說的第一句話是「請你絕對不要改變我的投球姿勢」。

野茂甚至要求在入團契約條款中明訂「不得任意調整投球姿勢」，這是日本職棒史上第一次有選手要求將投球姿勢訂入契約，可是仰木監督卻同意了。仰木回應「在撞上牆壁之前，你沒有必要去修復一件完好的東西」，就此排除野茂加盟近鐵的最大障礙。

一九九〇年開季後，野茂在近鐵的前三場先發投得掙扎，儘管周遭人「改掉龍捲風投法」的呼聲愈來愈高，但仰木監督不為所動，反而決定增加野茂每次登板的投球局數。原因就在於野茂說的一句話「當我開始出汗，就代表我的狀況調整好了」，仰木聽到了，他充分尊重野茂的意見。

但「尊重選手個性」並非「放任主義」，畢竟野茂轉入職業之前就以「龍捲風投法」在社會人球隊及奧運獲致成功，因此仰木尊重野茂的決定與堅持。反之，對於拿不出實績、不理解組織追求的目標、缺乏自我提升的動力與方法的員工，管理就變得不可或缺。對於這樣的選手，仰木就會施予嚴格的指導。

回顧一九八〇至一九九〇年代，廣岡達朗、野村克也、森祇晶主導的「管理野球」大行其道，他們善於運用資料分析，以團隊總合戰力取代明星球員的個別能力；反之，仰木彬則堅持「發展選手不同個性，尊重選手自主性」的「仰木式育成術」。以一九九〇年代的歐力士為例，包括一朗、田口壯、藤井康雄、福良淳一、中島聰在內的打線，加上佐藤義則、野田浩司、星野伸之、長谷川滋利、平井正史等主力投手，仰木監督在老中青不同年齡層與不同個性間取得完美的平衡，終於在一九九六年拿下隊史睽違十九年的「日本一」。

「仰木式育成術」：一朗篇

說到「仰木式育成術」，就不能不提鈴木一朗。但若要論「因材施教」，一朗與野茂可是完全不同的案例。有別於野茂加盟近鐵之前，在社會人及奧運時期即已名滿天下，一朗加盟歐力士的前兩年在一軍合計出賽八十三場，卻只有兩成二六打擊率、一支全壘打（而被一朗打出一軍生涯首轟的投手，正是野茂）、八分打點的慘澹成績。

仰木在一九九三年球季結束後接任歐力士監督，很快就意識到一朗過去兩年在一軍極度焦慮不安的心情。當一名打者抱持「這個打席沒打好，很快就會被送回二軍」的恐懼感在打球，這種心理狀態與「就算這個打席沒打好，教練團也會繼續派我上場」的信賴感是截然不同的，比賽結果自然也大不相同。因此，仰木很快就洞悉要讓一朗成功的關鍵因素：一是監督的信任，另一則是一軍的比賽經驗。

隔年（一九九四）春訓伊始，仰木監督明確告知一朗：無論未來發生什麼事，他都會讓一朗完整出賽一整年。就是這麼簡單的一句話，改變了一朗的野球人生，他在一九九四年締造單季兩百一十支安打的日職新紀錄，以及打擊率三成八五的太平洋聯盟新紀錄。

一朗曾經形容仰木監督「有無數種贏得人心的模式，這就是他的魔力所在」。他在二〇

一四年接受日媒《每日體育》專訪時，聊到對仰木最難忘的幾件往事。

首先是一九九四年二月，歐力士球團在宮古島春訓的第一天，面對這個全然陌生的新監督，仰木對一朗說的第一句話卻讓他永生難忘。

「喂！一朗，你，平常怎麼解決自己的生理需求？」

當時一朗正在外野和田口壯傳接球，監督突如其來的這句話，讓他楞在原地，動彈不得。雖然突兀，但能用一句話就讓下屬留下無比深刻的印象，瞬間拉近彼此的距離，或許這就是仰木領導統御的魅力所在吧！

另外一件事則發生在開季後。一九九四年四月二十八日，歐力士在福岡巨蛋以〇比三敗給大榮，一朗當天只有一支安打，回程的路上，全隊的氣氛很沉重。就在他下車後，仰木監督走過來說：「一朗，你的臉色為什麼這麼難看？你今天打了一支二壘安打不是嗎？這就對了。你只要做好自己的事，至於比賽勝敗的責任就交給我吧！」

這句話完全收服了一朗，「從那一刻開始，我知道我想為這個人做事，而不是為了我自己。一般教練都要求選手『以團隊為重』，只有他叫我『顧好自己就好』，雖然很驚訝，但我被打動了。」

仰木彬：死在球場，是我一生最大的願望

二〇〇四年十月十二日，六十九歲的仰木彬受託出任近鐵與歐力士合併後新球隊的首任監督。當時他正在與肺癌搏鬥，但還是抱持捨我其誰的心情扛下重擔，「死在球場，是我一生最大的願望。」仰木說。

隔年（二〇〇五）夏天，仰木的健康狀況嚴重惡化，他在比賽中經常回監督辦公室躺下來休息，比賽結束後離開球場，他連爬樓梯的力氣都沒有。

二〇〇五年十二月十五日，仰木與世長辭，距離他宣布退休僅有七十七天。而他在過世前念念不忘與一朗的約定，還拜託醫生：「我已經和一朗約好二十日要一起吃飯，你一定要讓我活到那個時候。」

在仰木過世前，一朗特地從美國短暫趕回日本福岡市一所醫院，探望臥病中的仰木。「我已經不記得對話內容了，但最後在道別時，監督哭了，淚水從他的臉頰緩緩流下。看到這一幕，我想也許……」

幾天後，當仰木過世的消息傳開來時，一朗正在洛杉磯工作。雖然見到仰木最後一面是哭泣的臉，但一朗說：

「我心裡只有他滿臉笑容的形象。」

「我是被仰木監督救回來的。如果我在球場上有打出一些成績，這都要感謝他。」

21

鈴木一朗：野茂一百八十度改變我的野球觀

「野茂桑一百八十度地改變了我的野球觀。」

——鈴木一朗

二〇〇一年五月二日，薩菲柯球場（Safeco Field），紅襪對水手之戰。

據報導，這場比賽在當時成為日本電視史上收視率第二高的大聯盟直播賽事，僅次於一九九五年野茂英雄的道奇初登板。轉播當天日本正值「黃金週」，各地原本應該是滿滿的出遊人潮，但有運動作家誇張地形容東京街頭彷彿時間靜止，因為全日本超過兩千萬人在家收看這場直播，更有不少上班族搭機遠赴四千八百英里外的西雅圖，只為了現場見證歷史。

到底是什麼樣的比賽能在日本引爆萬人空巷的熱潮？答案是日職兩大「先驅者」野茂英雄與鈴木一朗在大聯盟的首次投打對決。尤其是野茂當年度在紅襪的第一場先發就投出「無安打比賽」，前一場對雙城還投出先發前六局無安打的好球；新來乍到的一朗則不遑多讓，賽前打擊率高達三成三三，前二十六場出賽累計四十支安打。兩人的近況絕好調，讓這場對決除了傳奇性、歷史性之外，更增添「平成時代最強投打對決」的可看性。

當然，野茂與一朗的投打對決早就不是第一次了。一九九三年六月十二日，新瀉縣長岡悠久山球場，一個還在歐力士二軍載浮載沉的十九歲左打者，意外從如日中天的野茂手中打出一軍生涯首轟，當時他的球衣背後繡著「Suzuki」（鈴木），而不是後來美日馳名的「Ichiro」（一朗）。

日本媒體向來有一種宿命論的說法。就如相撲場上橫綱被打敗時，他最後的對手往往就是下一個引領相撲界的人，因此「昭和的大橫綱」大鵬敗給貴之花利彰後宣告引退，貴之花敗給千代富士，而千代富士則敗給貴之花的兒子、當時才十八歲的貴花田（後改名貴乃花，平成時代最偉大的橫綱）。敗戰的相撲力士被迫引退，勝者繼之而起，成為下一個世代的領導者。

同樣的世代交替也出現在日職場上。野茂在一九九〇年對清原和博投出職業生涯第一次三振，一朗則在三年後對野茂打出生涯首轟，兩人相繼成為引領日本人挑戰大聯盟的「先驅者」。這種宿命論的說法似嫌穿鑿附會，但許多時候，這些事件的發生往往不是歷史的偶然。

多年後在一場訪談中被問到一朗這支全壘打時，野茂依舊印象深刻，**「啊！他真是個很好的打者呢！」**一個好投手在球被擊中的瞬間，他會比任何人更能覺察對手的實力。一朗這一轟讓野茂留下無比深刻的印象，之後一朗的成功對野茂來說也就不會太意外了。

一個有趣的插曲：一九九五年，野茂跨海挑戰寫下歷史成就，一朗特地拜託赴美採訪的記者「幫我要一顆野茂桑的簽名球」。事實上當時的一朗已經是站在日本棒球之巔的男人，他率領歐力士隊從「阪神大地震」的陰霾中奮起，奪下睽違十一年的聯盟冠軍，自己則橫掃打擊王、打點王、盜壘王、安打王，連莊聯盟MVP。可是在偶像面前，他活脫就是個小球迷（笑）。

當時大聯盟官方禁止選手私下簽名，以免變成商品遭販售營利。但野茂聽到記者轉達一朗的請求之後，他笑著對記者說：「假裝我們兩個都不知道禁止簽名這件事吧！」接著就在大聯盟比賽用球上簽了名。

「痛到無法呼吸」的意外結局

只是這場萬眾矚目的「先驅者投打對決」結局出乎意料，一朗前兩個打席無功而返，分別打成二壘滾地球、中外野飛球出局；五局下半的第三個打席，兩出局二壘有跑者，球數兩好一壞，雖然球數對投手有利，但野茂的下一球，時速九十英里的剛速球卻直接砸中一朗的背部，不偏不倚打在他球衣背號「五」和「一」的中間。

只見一朗表情扭曲，跪倒在地（他形容當時「痛到幾乎無法呼吸」）；野茂則是一貫地面無表情，他轉身面對一壘方向，以日本人的方式脫下球帽表示歉意。

每個人都想問：「野茂是故意的嗎？」面對這個問題，野茂在賽後受訪時輕描淡寫地表示，這一球是卡特球，只是球離手的時間稍微晚了點，才會跑得太內角，「當時是不允許被打安打的狀況（得點圈有跑者），所以我狙擊內角……你問我是否以三振一朗為目標？那當然。」不過也有運動作家一口咬定野茂是故意的，他認為野茂想傳達的意念是「誰才是大聯盟的老大」。

結果反而是一朗出面為野茂緩頰：「我只把他（野茂）當作球場上的對手之一，我相信他也是用這樣的角度看待我。」不過他還是酸了一下野茂：「我作夢都沒想到，我來到美國之後的第一個觸身球，竟是出自日本同胞的毒手（苦笑）。」

推翻「棒球傳統智慧」

我認為野茂與一朗對棒球最大的貢獻，在於他們推翻了所謂的「棒球傳統智慧」：野茂的「龍捲風投法」與一朗的「鐘擺式打法」，相當程度改變了傳統日本球界墨守成規、漠視個性的指導方式；而他們在大聯盟的成功，更永久扭轉美國人對日本野球、乃至於對全體日本人的刻板印象。

你能想像嗎？絕大多數美國人都聽過「世界全壘打王」王貞治，但過去有球迷誤以為他是穿和服打球（或許不是誤解，而是刻意的歧視）。直到一九九五年及二〇〇一年，橫空出世的

野茂及一朗分別以投打身分，突破美日棒球的藩籬。時至今日，已經有超過六十名日本選手追隨野茂登上大聯盟，徹底改變世界最高棒球殿堂的比賽風貌。正如達比修有所言：「一朗的成功激勵我成為大聯盟選手，野茂英雄也是。野茂和我一樣是投手，但即便一朗是打者，他們在大聯盟的成功對我都是非常大的鼓勵。」

野茂與一朗激勵了無數日本棒球後進與球迷，但歸根結柢，野茂才是改變一朗想法的那個元祖「先驅者」。「野茂桑一百八十度地改變了我的野球觀，」一朗在一九九五年受訪時如是說，「長久以來在我的認知裡，大聯盟與日職，就像大人與小孩的差別。直到曾經一起打球的野茂桑，如今成為在大聯盟爭奪一、二名的投手，這件事徹底改變了我的認知。身為球迷，我很榮幸見證他的成功。」

「先驅者」的「終局之戰」

二〇〇八年四月十五日，同樣是薩菲柯球場，野茂與一朗上演兩人在職業生涯的「終局之戰」。三十九歲的野茂在四局下半中繼登板，一上場就被連續兩支安打亂棒攻下一分，但他賈其餘勇，在無人出局、二三壘有跑者的局面下，以招牌指叉球讓一朗揮空三振。五天後，野茂就收到了球團的戰力外通知。

同年七月野茂宣布引退，一朗也獻上自己最誠摯的祝福，「野茂桑的不世之功，無須我再贅述，我唯一想對他說的是『野茂桑，非常感謝你！』」

對棒球迷來說，「先驅者投打對決」至此劃上句點；但對日本棒球選手來說，渡海挑戰的新篇章才正要開始。

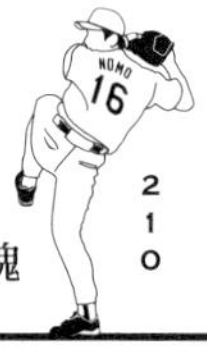

22

達比修有——渴望成為「野茂門下生」的投球職人

二〇二二年七月二十七日，三十五歲的教士先發投手達比修有對老虎先發七局投出十一次三振。這是他日美職棒生涯第一〇一次「單場兩位數三振」的比賽（日職五十二場、大聯盟四十九場），與野茂英雄並列日本歷代第二位，僅次於金田正一的一〇三場。

在談到追平野茂的紀錄時，達比修向這位現任教士球團顧問的大賢拜致上敬意，「我有各式各樣的球種，但光用直球和指叉球拿到兩位數三振的難度實在太高，近乎不可能。我再次感受到野茂桑的偉大。」

達比修曾經在推特（Twitter）透露兩人之間不可思議的緣分，「當近鐵時期的野茂桑在藤井寺球場大放異彩的同時，我就住在距離他車程只有十五分鐘的地方。」「當野茂桑登上大聯盟時，我才剛開始打棒球。從沒想過二十五年後，竟能和他在美國穿著同樣的球衣。」

「我有各式各樣的球種，但光用直球和指叉球拿到兩位數三振的難度實在太高，近乎不可能。我再次感受到野茂桑的偉大。」

——達比修有

字裡行間，不難看出達比修對野茂的崇拜之情。

二〇二一年二月，達比修在亞利桑那州皮奧里亞（Peoria）的教士春訓營，透過線上記者會表達加入「野茂フォーク塾」（野茂指叉球學校）的渴望，「他是傳奇投手，過去還教過我指叉球，只是我年輕時一直投不好。十多年後物換星移，也許我現在投得來了。如果還有機會，我希望他能再教我一次。」

達比修說野茂教過他投指叉球，是在什麼時候？根據考證，這應該是達比修效力日本火腿時代的事了。時任火腿投手教練的吉井理人曾在春訓期間，介紹過去近鐵的後輩野茂來指導達比修投球。只是當時他持球的食中二指無法像野茂一樣大幅叉開且深入握球，也無法駕馭及操控，所以後來就沒再繼續精進了。

在教士春訓營經過野茂的指點之後，達比修心滿意足地再次發文，「能讓野茂桑看我投球，實在是太棒了！但更不可思議的是，我在練投前後提問這許許多多的問題，他竟然都能一一回答。我被野茂桑如此淵博的投球智識給嚇到了。」

謙虛而貪婪，是達比修成功的動力

另一個場景則是在二〇二一年球季結束後，地點看似是一家日式居酒屋。只見穿著白色T恤、藍色牛仔褲的達比修在鏡頭前方擺出招牌投球姿勢，後方吧台旁反著坐椅子、雙手撐在椅

背上、似笑非笑注視達比修的中年男人，正是野茂。日本網友紛紛在貼文底下留言：

「日本至寶的珍貴合照！」

「野茂桑看達爾桑的眼神好溫暖……」

話說回來，也許你會好奇，明明已經有十一種球路（四縫線速球、伸卡球／二縫線速球、至尊球（Supreme）、快速指叉球、滑球、高速卡特球、卡特球、變速球、彈指曲球、曲球、慢速曲球）的達比修，前一年（二〇二〇）才成為大聯盟史上第一位日本勝投王，還在國聯賽揚獎票選拿下第二名，新增一種球路對他能有什麼加分？

事實上，這種不斷研究新球種的過程，正是達比修投球的一大樂趣，也是他持續進步的動力。「我打棒球的初衷是因為它很有趣，直到現在我一直都這麼覺得。這段過程以來，不斷有人告誡我應該減少球種，然後針對少數球種一一磨礪，更加精進，只是這樣對我來說就少了打棒球的樂趣了。」達比修說。

達比修與野茂同樣在二十六歲那年挑戰大聯盟。如今達比修有機會逐一跨越野茂所樹立的各項紀錄，他卻沒有絲毫自滿之情，「我完全不夠格與野茂桑相提並論。就數據論，或許我已經超越了他，但野茂桑所處的是一個完全不同的年代，他只投直球和指叉球，這就是他所做的一切。」

這是達比修謙遜的一面。

二〇二二年七月二十二日，達比修在下半季第一場出賽出其不意地大量使用快速指叉球，光靠這顆魔球就拿下六次三振。賽後受訪時達比修道出原因，「昨天我在亞馬遜網站瀏覽電子書，恰巧看到以佐佐木朗希選手為封面的《週刊棒球》，這期主題是下墜變化球的特集，我心想『這正是我現在需要的』，於是就買了下來。其中有關佐佐木投手的指叉球、大谷選手和山本由伸投手的投球、岩隈久志桑的演講紀實，都讓我獲益良多。我想這就是我今天心情特別好的原因。」

一個美日球界推崇的「投球職人」，卻不介意參考小他十多歲的日本後輩，從這些後輩身上汲取新知，這是達比修貪婪的一面。

謙虛而貪婪，正是達比修長期獲致成功的動力。

23

大谷翔平——十六號球衣與「先驅者」精神的傳承

場景一：二〇一二年十月二十一日，日本岩手縣

下午五點，大谷翔平在父母陪同下，於花卷東高校玄關舉行記者會。面對現場約六十名記者，他宣布高中畢業後將挑戰大聯盟：

「這是我高中入學以來的夢想，我想到一個更艱困的環境去磨練自己。」

「我想挑戰自己，我想知道當我步上與別人迥然不同的道路之後，最終將成長為什麼樣的球員。我有赴美挑戰的強烈渴望。」

「我已經決定到美國打球。我從一開始就有這個夢想，打算在高中一畢業、趁自己還年輕的時候去挑戰大聯盟。無論選秀結果如何，我都有強烈的意願去美國，而且是以投手的身分。」

「身為職業運動選手，你所能做到最棒的一件事，就是給觀眾一個夢想。我們做前人做不到的事，這就是夢想的偉大之處。」

——野茂英雄

「一旦做了決定（指挑戰大聯盟），我就會下定決心在美國全力以赴。到時不管加入哪支球隊，我都會牢記初衷，現在的我只想到美國打球。」

「我有一個夢（指大聯盟），想從一開始（高中畢業後）就去實現。」

大谷的決斷在日本球界引發軒然大波。高中畢業後直接越級到美國打怪，這高中生到底哪來的勇氣？記者氏原英明給出了答案。

記者會前夕，大谷接受《Sports Graphic Number》雜誌專訪時說了一句話，「我想做野茂桑做過的事。」採訪的氏原大感驚奇，根據他過去幾年專訪選秀熱門人選的經驗，超過半數的人目標都是松坂大輔，其次則是達比修有、田中將大、前田健太。但野茂英雄？氏原回顧歷年來的受訪者，沒有任何人提及野茂的名字。

這其實不難理解，以大谷為例，一九九五年野茂挑戰大聯盟時他才剛出生，對他們這個世代來說，野茂是傳奇，但有點遙遠。也因為這樣，大谷初中時期的投打偶像分別是達比修、松井秀喜，他也模仿過松坂的擺臂動作，這些都是當時電視或網路上最常看到的球星，但絕不會是野茂。

可是如果把大谷的談話內容串連起來，就不難理解他當時的心境：

「我的目標是投出時速一六〇公里的速球，我想做以前沒人做到的事。當我說我的目標是球速一六〇公里，沒有人相信我，可是一旦有人達成時，所有人都會以他為努力的目標。我認

為這就是棒球水平提升的過程，目標愈高，棒球水平就能提升到愈高。這就是野茂桑在大聯盟的成功之處，達比修桑在大聯盟的第一年也是如此，他們提升了日本的棒球水平。我也想成為這樣的選手。」

「當野茂桑進到大聯盟時，還沒有日本選手能在那裡投出好成績，他的率先成功帶來巨大的影響力。我想，高中生赴美挑戰也是同樣的道理，這就是我最渴望的事。」

雖然無緣目睹野茂征服大聯盟的全盛期，但「先驅者」的種子早已在大谷心中生根、萌芽。

場景二：二〇一四年二月九日，日本沖繩

這天是大谷與野茂的第一次交會，雖然只交談約一分鐘，但大谷的心情悸動，「他是個了不起的人」，大谷向媒體傳達對偶像的崇敬之情。後來透過陽岱鋼居間牽線，兩人還相約一起吃飯。

當時是大谷在日職的第二年，不論日本球界或火腿球團內部，對於「投打二刀流」都有不少質疑與批判：

「『二刀流』會導致球員受傷。」

「到最後兩邊都半途而廢。」

「追二兔者不得一兔（貪多者兩頭落空之意）。」

「如果他專注投球，職棒第一年就能贏得二十勝和澤村賞。」

「如果他專任打者，拿下打擊三冠王不成問題。」

在一片反對聲中，同年九月，野茂受訪時逆風力挺大谷：

「我支持大谷君的『二刀流』。他今年拿下超過十勝，打了十支全壘打，而且不論投球或打擊，數據都在持續進步，我期待他有更好的表現。」

「身為職業運動選手，你所能做到最棒的一件事，就是給觀眾一個夢想。我們做前人做不到的事，這就是夢想的偉大之處。」

場景三：二〇一六年二月十四日，美國亞利桑那州皮奧里亞

日本火腿在美國的移地春訓營出現一幕有趣的畫面：剛就任教士球團顧問的野茂，與近鐵老隊友、火腿投手教練吉井理人談笑風生，而他的兒子貴裕則在球團擔任一軍翻譯。

野茂視察火腿投手的牛棚練投以及紅白戰，但媒體都聚焦在他與大谷的互動上。聖地牙哥當地媒體報導，教士球團任命野茂為顧問的目的，主要是為了爭取「以日本為中心的環太平洋地區」更多亞洲好手加盟。教士上一位日本選手是二〇〇八年的井口資仁，球團在二〇一五年初馬林魚網羅鈴木一朗之前曾經表達過興趣，如今則將希望寄託在大谷身上。

據報導，教士希望透過野茂強化與日本火腿球團的關係，成為爭取大谷的橋樑。野茂受訪時沒有正面回答這些問題，但他給予大谷最高的讚譽，「他正在做以前從來沒有人能做到的事，我希望他成為任何人都無法模仿的選手。」

野茂更對「二刀流」表達高度期許。當記者詢問「大谷是否該專注於投球」時，「他本人想做什麼才是最重要的。不過身為球迷，我更期待看到他『二刀流』。」野茂說。

另一方面，大谷於受訪時再度表達自己對偶像的崇敬，「我對他只有大聯盟的印象，對我來說，野茂英雄就是活躍於大聯盟的選手……，他是值得記入史冊的投手，正如日本棒球界常有人說『如果不是因為野茂選手……』，我認為他就是這樣一位歷史性的投手。」

當記者轉達野茂對「二刀流」的期許時，大谷誠惶誠恐地回答：「我會竭盡所能！」

場景四：二〇一六年十二月六日，台灣屏東

野茂第四度來台擔任NIKE青棒訓練營的客座教練，對於大谷當年度打出「二刀流」的生涯年（「投手大谷」十勝、一點八六防禦率、一七四次三振；「打者翔平」三成二二打擊率、二十二支全壘打），野茂表達他對大谷挑戰大聯盟最高的期許，「我希望他可以成為超越我們這個世代去美國的選手。」

場景五：二〇一七年十二月九日，美國加州安納罕

洛杉磯天使球團在天使球場為大谷舉行加盟記者會。實現夢想的大谷受訪時維持一貫的謙遜：

「能被拿來和貝比魯斯相比，讓我倍感榮幸，但我完全不認為自己足以和他相提並論。我相信今天對我來說才是真正的起點，我只想盡可能讓自己更接近他的水準。」

「有球迷與球團的支持，才有今天的我，所以從棒球選手的角度，我還不是完成品。我希望能在各位的支持之下繼續成長，我也會盡己所能來回應這份期待。」

回顧一九九五年二月十三日，道奇球團在洛杉磯「新大谷飯店」舉行野茂的加盟記者會。同樣是夢想的實現，但野茂更多了幾分「若不成功誓不回，不達目的誓不休」的悲壯心情，「我想成為受人景仰的棒球選手。但更重要的是，為了後繼的日本選手，我絕不能失敗。」

場景六：二〇一八年十一月二十四日，日本東京

日本「名球會」在平成最後一年舉辦別具意義的ＯＢ賽，東京巨蛋湧進兩萬九千名觀眾。代表洋聯的先發投手野茂重現「龍捲風」投球，面對五名打者只被打出一支安打無失分。賽後被問到對於大谷拿下美聯年度新人王的看法，野茂微笑說：「我也很享受大谷的比賽。」

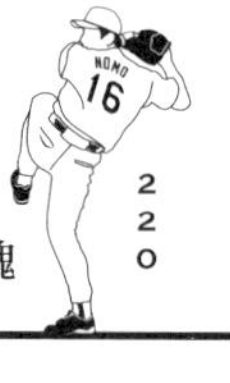

場景七：二〇二三年一月六日，日本東京

「WBC世界棒球經典賽」日本武士隊監督栗山英樹舉行記者會，宣布第一批十二名國手名單，不過全場焦點都在偕同出席的大谷身上。

大谷穿的是日本武士隊十六號球衣，媒體好奇為什麼不是天使隊的十七號？或是日本火腿時期的十一號？「我對球衣背號其實沒有太大的堅持，但只要為日本代表隊效力，我的背號一直都是十六號。」大谷在記者會上這麼回答。

回顧大谷第一次參加日本代表隊，是在二〇一四年十一月的美日明星賽。當時決定十六號的因素有二，一是他所崇拜的「先驅者」野茂，另一則是「棒球之神」的指引。

二〇一四年十一月九日，大谷第一次穿全日本明星隊的十六號球衣亮相，他與同學年的藤浪晉太郎一起傳接球及短跑衝刺，為三天後的美日明星賽備戰。被問到為什麼穿十六號時，大谷說，「**我唯一想到的就是野茂桑。**」

按照日本代表隊「資深投手優先選擇球衣背號」的慣例，西武投手岸孝之選走了大谷在火腿的十一號，而年紀最輕的大谷只能撿前輩挑剩的號碼。最後他意外發現自己屬意的十六號還在，從此十六號就成為他在日本武士隊的代表背號。

日本媒體形容這是「棒球之神的指引」。野茂在近鐵的球衣背號是十一號，挑戰大聯盟第

一年在道奇改穿十六號；大谷則在冥冥之中承襲了這項傳統，他在日本火腿的球衣背號是十一號，第一次迎戰來訪的大聯盟明星隊時，同樣改穿十六號。

「先驅者」精神的傳承

上述這七個場景，呈現的是大谷在日美職棒、乃至於WBC經典賽的不同人生階段。你也許覺得奇怪：野茂與大谷相差二十六歲，一九九五年當野茂在美國掀起狂熱時，大谷還不滿周歲；二〇一八年當大谷站上大聯盟舞台時，野茂都已經退休十年了。明明年紀足以當父子，可是為什麼在大谷野球人生的每個重要階段，都看得到野茂的影子？

我認為，串起兩人的不只是緣分，更是「先驅者」精神的傳承。

就像過去許多日本學童在小學畢業作文寫下「長大後想成為日本職棒選手」，然而，包括大谷在內的「Z世代」（泛指一九九〇年代中後期至二〇一〇年代初期出生的這一代）年輕人，從他們懂事以來，野茂、一朗、松井……就已經是大聯盟的一員，加上衛星直播與網路普及，日美職棒之間的距離已不再像太平洋那麼遙遠，大聯盟球探在日韓台廣泛尋才，球團聘用亞洲選手已成為常態。近年來，當美國媒體及球界給予大谷「日本貝比魯斯」的高評價，當大谷在二十三歲就實現挑戰大聯盟的夢想，這都是因為野茂為後人鋪路，而這也正是「先驅者」的價值所在。

對大谷來說，一朗與野茂堪稱是對他野球人生影響最巨大的兩位賢拜。一朗在二〇〇六年率領日本隊拿下WBC經典賽首屆冠軍，當時小學六年級的大谷坐在電視機前面看到一朗的熱血表現，更堅定他成為職棒選手的決心；高中三年級，大谷在日職選秀會前夕宣示要成為第一個挑戰大聯盟的日本高中生，他傳承的正是野茂的「先驅者」精神。

野茂在挑戰大聯盟時一直告訴自己「不能失敗」，原因是「**如果我失敗了，在我之後的日本選手都會烙印上『失敗』的標籤**」，這就是身為「先驅者」的自覺：你必須做別人做不到的事，化不可能為可能。

有點耳熟對吧？「**要做就做別人做不到的事**」、「**先入觀，將使可能成為不可能**」，這不正是大谷的座右銘嗎？

一九九五年挑戰大聯盟的野茂是二十六歲，二〇二一年締造「二刀流」百年紀錄的大谷也是二十六歲，兩人的年齡剛好相差二十六歲！不過真正串連起野茂與大谷的並不是「二十六」這個數字，而是勇於冒險的「先驅者」精神。

24

工藤公康——野茂撼動靈魂的一句話

工藤公康、野茂英雄、山本昌堪稱日職投手的「平成御三家」，他們從平成時代一開始就活躍於日職，分別在二〇〇四、二〇〇五、二〇〇八年拿下職業生涯第兩百勝並入選「名球會」。工藤在他生涯效力的前三支球隊（西武、大榮、巨人）都拿過「日本一」，有「優勝請負人」的美稱；野茂是日職挑戰大聯盟的「先驅者」、棒球史上第一位「美日通算兩百勝」的投手；山本則締造日職史上「最年長先發及出賽紀錄（五十歲一個月又二十六天）」，球迷稱他是「從紅白機戰到PS3的男人」。

殊難想像這三名大投手之間能有什麼交集，尤其是野茂與工藤，在野茂效力日職短短五年間，工藤領軍的西武正是近鐵的死對頭。然而球場外的兩人不僅是好友，年紀小五歲的野茂，竟然是工藤「這輩子一定要報答的人」！

「他不僅為投手打開大門，還包括後來的一朗，以及身為捕手的城島，我認為他為所有人創造了挑戰大聯盟的機會。」

——工藤公康

故事要從一九九九年冬天開始說起。那年球季結束後，取得自由球員資格的工藤有意從福岡大榮鷹轉隊到讀賣巨人，消息傳開後他才發現，事情遠比他想像的還要複雜：鷹迷連署拜託他續留，媒體則酸他「遲早要被財大氣粗的巨人買走」。萬念俱灰的工藤一度想逃走，「等著看好了！我一定要去一個與媒體報導完全不同的地方……乾脆去美國打球算了！」

或許是察覺到工藤內心的糾結，回到日本的野茂專程去找他，「工藤桑，您還在猶豫什麼？您想去巨人不是嗎？別人怎麼說並不重要。」

工藤後來在《現役力》一書中形容野茂這句話「撼動了他的靈魂」，事實上當時不只野茂，包括王貞治、東尾修等前輩都告訴工藤「就是巨人了」。對工藤來說，這些友人稱不上特別親近，平常甚至少有聯絡，可是他們都在世界的不同角落默默關心他，一旦發現有什麼不對，就會提出自己的看法。

至於一向寡言的野茂，如何能說出如此有重量又有說服力的言語？原因或許在於他野球人生的種種試煉，增加了人性的厚度與深度，進而重生為引發人們心靈共鳴的文字，「我非常感謝、也非常尊敬他。」工藤感性地說：「這就是真正的運動家精神，他加深了我成為這種人的渴望……我也想成為一個在別人需要時給予必要言語支持的人。」

身為同時期的選手，工藤見證了野茂如何以「先驅者」之姿，改變了日本人的野球觀：「在我們那個年代，大聯盟的距離非常非常遙遠，然而野茂改變了這一切。看到他的成功，我心裡忍不住會想『哇！搞不好我也可以！』」

「他不僅為投手打開大門，還包括後來的一朗，以及身為捕手的城島，我認為他為所有人創造了挑戰大聯盟的機會。」

INFO

名球會

名球會全名為「日本職業野球名球會」，係由日職四百勝傳奇投手金田正一於一九七八年創立。有此一說，金田認為「（入會的）投手應該要有我的一半」，因此投手門檻限定為日職生涯兩百勝，打者門檻則由此延伸為兩千支安打。其後雖然多次放寬標準，包括「新增投手通算二五〇次救援成功」、「採計大聯盟數據」、「新增特例入會制度」等，不過仍有遺珠之憾。

野茂在二〇〇五年六月十五日效力坦帕灣魔鬼魚隊期間，拿下美日職棒通算第兩百勝並入選名球會，截至二〇二二年底止，名球會共有六十五名成員（投手十七人、打者四十八人）。

名球會致力於各種「培育青少年健全發展、對社會做出貢獻」的活動，並以「推廣棒球」、「野球振興」為目標，舉辦青少年棒球教室、OB巡迴講座等，其範圍不限於日本國內，還包括台灣、韓國、菲律賓、越南等地；另外也對日本各地地震或颱風的受災戶提供援助，回饋社會弱勢群眾。

25

長谷川滋利——同樣來自關西的同學年開拓者

一九九七年一月，長谷川滋利成為棒球史上第一位以金錢交易移籍大聯盟的日職選手。抵達美國後沒幾天，他房間的電話響了，話筒傳來再熟悉也不過的聲音。

是野茂英雄！

「我不知道他從哪裡探聽到我的電話號碼，但他想必費了一番工夫（笑）。野茂君告訴我，『只要你投得夠低夠準，一定能在大聯盟立足！』他還說，很羨慕我能以平和的方式移籍到大聯盟。」長谷川回憶說，「野茂君對我最大的影響，就是他的建議簡單易懂，雖然省略細節，卻總是一針見血。他平素寡言力行的行事風格，讓他說的話更具說服力。」

長谷川與野茂同為一九六八年八月出生，同樣出身關西。雖然長谷川

「堅持自己的信念，總是沉默而頑強地克服各種難題。可以說，野茂君已經向全大聯盟展現了日本人認真執著的工作態度。」

——長谷川滋利

比野茂晚了兩年進到大聯盟，但如果不是野茂與團野村率先發難，以「任意引退」衝撞體制，或許長谷川才是當今日職挑戰大聯盟的「先驅者」。

長谷川的開拓者人生

回顧長谷川的野球人生，小學二年級時，擔任成人壘球隊監督的父親突如其來叫他上場投球，還因此登上當地新聞報導，這是他立志成為職棒選手的開始。

就讀立命館大學二年級時，長谷川與野茂、古田敦也等業餘好手入選漢城奧運日本國家培訓隊。雖然最後沒能成為正選國手，但他以打擊練習投手的身分隨國家隊遠征海外，強烈感受到自己想在北美生活的渴望。為了實現夢想，他錄下好萊塢棒球電影《夢幻成真》（Field of Dreams）的對白，在通勤的新幹線列車上一邊閱讀電影腳本，一邊練習英語聽力。

長谷川在一九九〇年日職選秀會以第一指名加盟歐力士，一九九二年球季結束後他就向球團表明挑戰大聯盟的意向，比野茂從近鐵「任意引退」還早了兩年。一九九四年球季結束後，歐力士球團代表井箟重慶如此回應長谷川，「既然是以第一指名入團，那你首先必須不辜負球團期望，為優勝做出貢獻。我希望你來年將敗場數減少到勝場數的一半以下（一九九四年為十一勝九敗），我們再來討論大聯盟。」

結果就在長谷川努力以平和方式移籍大聯盟的過程中，野茂搶先一步加盟道奇。悔恨的心

情，讓他失眠了好幾個夜晚。

在野茂的衝擊之下，長谷川請室友星野伸之協助他練習英語字彙，還多次相約洋將隊友尼爾（Troy Neel）、簡寧斯（Doug Jennings）一起去美國人聚集的酒吧，提升會話能力；加上休季期間前往美國西岸自主訓練並在當地生活，讓他轉戰大聯盟無須翻譯人員，後來甚至出了一本教導日本人如何學英語的工具書。

比起其他挑戰大聯盟的日職選手，長谷川努力學習英語的動機不只為了挑戰大聯盟，更要實現他長期定居美國的夢想。因此他在球員休息室總是閱讀《華爾街日報》，不像一般選手只看體育版；二〇〇二年長谷川轉戰水手，與鈴木一朗、佐佐木主浩成為隊友，三個人經常以日語暢聊，雖然自在愉快，但這反而不是長谷川夢想的美國生活了（笑）。

大聯盟登板五一七場的日本投手紀錄

雖說長谷川與野茂在「先驅者」的道路上是競爭對手，但兩人從日職時期就是相互砥礪的好友。一九九七年六月十八日，長谷川與野茂共同締造大聯盟史上第一次「日本人選手同場對決」，賽後他難掩內心激動，「當我意識到我倆談論的夢想已經成為現實的當下，我真的感到胸口灼熱，這是一種無法言喻的感動。」

二〇〇八年野茂宣布引退，長谷川在受訪時毫不掩飾對野茂的崇敬：

「我認為他對大聯盟有很大的影響力。在我效力天使期間，有一天，一向話不多的中心打者賽門（Tim Salmon，大聯盟通算二九九轟，尊稱為『天使先生』）逢人便興高采烈地說『我從那個野茂手中打出安打！』當下我感覺自己不只是野茂君的好友，更以身為日本人而自豪。」

「堅持自己的信念，總是沉默而頑強地克服各種難題。可以說，野茂君已經向全大聯盟展現了日本人認真執著的工作態度。」

「我最後一次在球場看到他，是他效力魔鬼魚的時候。當我發現他人在重訓室時，他已經練到大汗淋漓了。我永遠不會忘記年輕隊友們凝望他的熱切眼神。」

題外話，立命館大學畢業的長谷川，不論學英文或投球，都非常有自己的想法。相較於日本球迷普遍認為「投手直球對決，打者全力揮棒，這才叫男人的浪漫」，但長谷川嗤之以鼻，「當你投直球被對手全力夯出去，沒有人會說這是浪漫。」「你不可能光靠直球去壓制近況極佳的打者，對吧？我寧可保送他，但只要能讓下一棒出局，那就夠了。」

日職時期固定擔任先發投手的長谷川，來到大聯盟之後深知球速的重要性，以及自己續航力不足的問題，因此他有計畫地讓自己定位在牛棚，唯有以快節奏的投球，在短局數全力飆球速，才有機會壓制大聯盟的怪物強打。

正因如此，長谷川九年大聯盟生涯雖然只先發過八場，但他登板投球多達五一七場，至今

仍是日本投手在大聯盟的最高紀錄。

設定目標，擬訂計畫，找到定位，實現夢想，縱然長谷川錯失「先驅者」的光環，但他依舊以自己的方式，在美日職棒史占有一席之地。

26

拉索達——「野茂是我的兒子！」親若父子的知遇之恩

「Hideo～Hideo～」熟悉的呼喚聲在道奇球團走廊響起。

「這是湯米的習慣，賽前他會把野茂叫進他的辦公室，一起享用輕食。」一九九〇年代中期任職道奇公關部門、現任響尾蛇球團總裁暨執行長的霍爾（Derrick Hall）笑著回憶說。

霍爾口中的「湯米」，當然是時任道奇總教練的拉索達，而所謂的「輕食」，通常是拉索達最愛的肉醬義大利麵。

身為義大利移民之子，拉索達深諳語言不通、文化不同的異鄉人在美國生活有多艱苦。當年道奇隊是大聯盟有名的「聯合國」，大小聯盟三百名選手有超過三分之一來自海外，至於大聯盟四十人名單則涵蓋六個國家、多達十四名外國選手。

拉索達特別照顧野茂，他常指著野茂說：「這是我的兒子！」「人種

「野茂是日本的傑基·羅賓遜。」

——湯米·拉索達

或國籍，對棒球一點都不重要，最重要的是找到有能力的年輕選手，帶領球隊贏得勝利。」

「野茂來自日本，孤身一人，又不會說英文。回想我父親從義大利移民過來時，也因為語言不通而遭遇極大困難，因此我希望野茂在這裡感覺舒適自在，就像家庭一般的氣氛。」

親若父子，知遇之恩

拉索達球員生涯是左投手，大聯盟出賽二十六場一勝難求，但退休後卻以總教練的身分帶領道奇拿下將近一千六百場勝利，還曾經率領小聯盟選手組成的美國國家隊勇奪二〇〇〇年雪梨奧運金牌。

拉索達擅於激勵選手，在他擔任道奇總教練任內有多達八名球員獲選聯盟新人王。在他的帶兵哲學中，最著名的金句是：「你要為你球衣胸前的名字打球，而不是背後的名字。」「球衣胸前的名字」指的是球隊，「背後的名字」則是指個人，拉索達一再提醒年輕選手：「個人主義會為你帶來獎座與獎牌，唯有為團隊打球，才能贏得冠軍。」

野茂正是拉索達帶出的八名新人王之一，雖然拉索達在一九九六年七月診斷出心臟病而辭去總教練一職，實際指導野茂的期間不到一年半。但看完下面這三件事，你會發現，如果沒有拉索達的存在，野茂的大聯盟生涯不可能如此順利成功：

・一九九五年春訓，拉索達看過野茂投球之後，他要求所有教練：「不准去碰這孩子的任何投球姿勢及動作，對方打者猜不到他要做什麼，但他自己知道。」

・一九九五年五月一日，也就是野茂歷史性初登板的前一天，超過兩百名記者湧進燭台球場想採訪野茂。與日職不同，大聯盟允許記者自由進入球員休息室，面對自己置物櫃周遭滿滿的記者與鎂光燈，深恐驚擾隊友的野茂不知所措。就在此時，總教練拉索達渾厚嘶啞的嗓音出面解圍，「不准拍！如果你們想要採訪，我可以和你們聊上幾個小時，但現在別繞著野茂打轉了，通通給我滾出去！」拉索達知道這群至少五十人的日本隨隊記者嚴重干擾野茂的心神，而這就是他保護子弟兵的方式。

・開季沒多久，野茂某場先發被KO，賽後在翻譯奧村的陪同下，他懷著忐忑不安的心情，前往總教練辦公室報到。敲門進去後，迎面而來的卻是拉索達和藹的笑容，「今天出了什麼狀況？有的話就找我談吧！」拉索達說，「我們是一個家庭，如果有任何需要我的地方，我都樂意幫忙。身為你的總教練（英文為Manager），我不想只管理（manage）比賽，還希望能幫到你的生活。」野茂後來回憶說：「這番話拯救了我！」

拉索達：我身上流淌的是道奇藍色的血

二〇一七年三月二十一日第四屆WBC準決賽，道奇球場上演美日大戰，拉索達與野茂受邀擔任開球貴賓，儀式完成後，兩人就如同父子般緊緊相擁；四年後，二〇二一年一月七日，

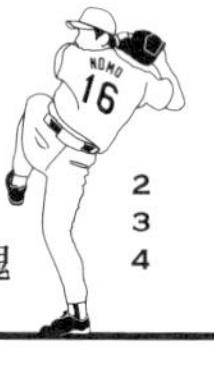

拉索達以九十三歲高齡辭世」。隔天野茂發表感言：「拉索達為我做的一切，說再多次的感謝都不夠。」同樣深受拉索達照顧的前道奇左投郭泓志也在IG發文悼念，他貼上與拉索達的合照，並用英文寫下：「我想你，湯米，永遠記得你講的笑話，謝謝你從第一天起就把我納入你的羽翼之下。」

包括十四年擔任特助在內，拉索達為道奇工作長達七十一年。他最廣為人知的名言是「我身上流淌的是道奇藍色的血」；對於生死，他看得豁達，「在我離世後，我希望我太太將道奇賽程表放在我的墓碑上。這樣人們去掃墓時，可以順便看看道奇最近有沒有主場比賽。」而知名運動分析師達倫・羅威爾（Darren Rovell）下面這段話，正是拉索達偉大人生的註腳：「讚揚湯米・拉索達的人生一點都不難。兩枚世界大賽冠軍戒，享用所有美食美酒，七十年穿同一件工作制服，享耆壽九十三歲。他絕對是傳奇。」

27

皮亞薩——從道奇到大都會，並肩作戰的名人堂捕手

一九九五年六月二十四日，道奇球場。

面對宿敵巨人，先發投手野茂英雄一局上半控球就出現大亂流，一支安打、一次盜壘成功、兩次四壞，兩出局之後攻占滿壘，輪到第六棒克雷頓上場打擊。

捕手皮亞薩喊了暫停，他跑上投手丘。

「投指叉球吧！我會用身體擋球。」皮亞薩用手套摀住半張臉，壓低聲音對野茂說。

一般來說，在三壘有跑者的情況下，捕手通常不會要求指叉球，以避免暴投後遭對手回本壘得分。

但這次皮亞薩決定賭上一把，「雖然局面很危險，但我觀察到克雷頓信心滿滿，準備積極揮棒，於是我心想『就讓他揮空吧！』」

「野茂英雄有能力在任何時候贏得賽揚獎。」

——皮亞薩

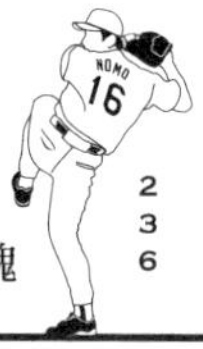

第一球，皮亞薩用身體擋住提前墜地的指叉球。

打者揮空，一好球。

第二球，皮亞薩還是要了指叉球。雖然他無法確實接捕，用腹部擋球後，球還向前滾了一段距離，所幸三壘跑者沒有貿然進壘。

這一球主審判定好球，兩好球。

兩好一壞之後的決勝球，皮亞薩要的依舊是指叉球。打者揮空，三振出局！

皮亞薩用身體護球，護住野茂的第五勝，這也是他在大聯盟的第一場完封。

皮亞薩：野茂有能力在任何時候贏得賽揚獎

二〇一六年一月七日，小葛瑞菲與皮亞薩雙雙入選美國棒球名人堂，日本媒體稱呼他們兩人是一朗與野茂的「恩人」。

生涯六三〇轟、四次全壘打王、七座銀棒獎的小葛瑞菲，二〇〇九年重返水手之後，他拯救了當時陷入「個人主義」批評、從而遭到隊友孤立的一朗。小葛瑞菲能理解一朗對於棒球的執著與真誠，於是他不斷對一朗開玩笑、惡作劇，幫助一朗重新融入球隊。後來一朗以這句話表達對小葛瑞菲最崇高的敬意，「在我心裡，小葛瑞菲是偉大的存在。」

至於皮亞薩則是野茂在大聯盟最感激的隊友，兩人都是一九六八年出生，生日只差四天。

為了與野茂搭檔，皮亞薩努力學習日文，引導他投出「伝家の宝刀」指叉球。兩人投捕搭檔期間，野茂幾乎沒有搖頭否決過皮亞薩的配球；而在打擊上，皮亞薩則以中心打者的身分，多次援護野茂摘下勝投。

而野茂的英文也有許多是向皮亞薩學來的。一九九五年六月七日，野茂在道奇球場對蒙特婁博覽會隊拿下生涯第二勝，比賽結束後皮亞薩對他說「Good job」，他也回以「Good job」。野茂後來笑著說，「這是我在一九九五年學會的少數幾句英語之一。」

皮亞薩盛讚野茂「有能力在任何時候贏得賽揚獎」，野茂則感性地說：「皮亞薩是真正偉大的選手，不論身為棒球選手，或身而為人，我都非常尊敬他。他是很有天分的捕手，關鍵時刻的配球總是我想投的，我們幾乎沒有意見不一致的時候。我真的無法用言語表達他對我的幫助有多大。」

日美球星間不為人知的深情厚誼

在日本選手挑戰大聯盟的背後，有許多不為人知的情誼。大聯盟第一位日本選手村上雅則，在一九六四至一九六五年效力舊金山巨人隊期間與黑人傳奇球星威利．梅斯（Willie Mays）成為好友，相差十三歲的兩人是同一天生日（五月六日）。一九六五年，梅斯邀請村上參加他的家庭聚會，還送給村上一對袖扣作為禮物；村上則在梅斯八十歲生日這天，專程從

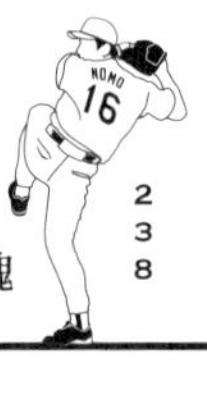

日本帶了茶杯作為賀禮。

效力紐約洋基隊的「酷斯拉」松井秀喜只比隊長基特（Derek Jeter）大了十四天，但基特總是用日語稱呼松井「年寄り」（意即「老人家」）。兩人交情匪淺，基特在退休隔年（二〇一五）還專程到松井位於日本石川縣的故鄉拜訪他。

二〇〇八年，黑田博樹從日職廣島鯉魚隊加盟洛杉磯道奇隊，他和柯蕭（Clayton Kershaw）同年在大聯盟初登板，兩個相差十三歲的「菜鳥」成為莫逆之交。他們是傳接球的夥伴，一起討論投球技巧，不時相約吃飯，還互贈禮物。二〇一一年冬天，黑田成為自由球員，據說在球季結束前的一次會議上，柯蕭拜託他續留道奇，讓他當場感動得哭了。

一九九五年二月十三日，野茂在加盟道奇的記者會上宣示：「我將盡我所能，為那些追隨我的人帶來夢想與希望。」經過四分之一個世紀的時間證明，他帶來的不只是棒球的夢想與希望，更有許多跨種族、跨世代的深情厚誼。

28

朴贊浩——日韓兩大「先驅者」跨越民族情結的真摯友情

一九九五年四月初，道奇春訓營，練投結束後的野茂英雄正在為球迷簽名。

人群中一個小男孩遞上一張球員卡，不會說英文的野茂搖頭拒絕，將球員卡退還給男孩。男孩大惑不解，再次將球員卡送到野茂面前，這次野茂連手都沒伸出來，搖搖頭，老子不簽就是不簽。

野茂的專屬翻譯奧村驚覺事態不妙，趕緊跑了過來。他接過球員卡，瞄了一眼，隨即啞然失笑。

球員卡上面的照片是朴贊浩！

西方人對亞洲人常有「面部識別能力缺乏症」（Prosopagnosia），也就是所謂的「臉盲」。但撇開「臉盲」不談，野茂與朴贊浩從外型到棒球生涯，其實有驚人的相似之處。首先，兩人在官方登錄的身高體重都是

「野茂的成功帶給日本人夢想，也成為我升上大聯盟的動力。」

——朴贊浩

一八八公分、九十五公斤，同樣效力於道奇，都是右投手；兩人球衣背號的組成都是「一」和「六」，只不過野茂是十六號，朴贊浩是六十一號；兩人分別是日本與韓國挑戰大聯盟的「先驅者」，野茂大聯盟生涯通算一百二十三勝，朴贊浩剛好比他多了一勝。

朴贊浩對此深有同感，「外國人老是把我們搞混。每次我從投手丘走回場邊休息區時，球迷總是對著我喊"Mr. Nomo! Mr. Nomo!"」

朴贊浩比野茂小了五歲，他高中在韓國就久聞野茂的大名，「在韓國，每個人都知道野茂，他太有名了。」但這不代表朴贊浩喜歡野茂，相反地，一開始他對野茂簡直討厭到了極點。

朴贊浩：野茂的成功帶給日本人夢想

朴贊浩曾經在《洛杉磯時報》專訪中提及這段心路歷程。春訓第一天，朴贊浩迫不及待走進球員休息室，四處張望自己的置物櫃在哪裡。當他找到「No. 61. Chan Ho Park」的同時，他卻停下腳步，駐足不前，因為隔壁置物櫃名牌秀的是「No. 16. H. Nomo」。

將球隊僅有的兩名亞洲選手排在一起，這顯然是道奇行政人員的「巧思」，可是朴贊浩並不買帳，「春訓開始的前三、四天，我盡可能離他遠遠的，完全不想和他講任何一句話。」

朴贊浩為什麼會這麼討厭野茂？無關野茂個人，也無關日韓民族情結，單純是因為朴贊浩很清楚野茂的能耐，他知道野茂是他進入先發輪值最大的對手：

「我實在太想擠進大聯盟開幕戰名單了，而他是我的競爭對手。」

「我知道他很有名，我也很開心他來到大聯盟，但如果他是在別隊，我會更開心。」

幾天之後，朴贊浩的想法改變了。看到完全不會說英文的野茂，他回想起自己一年前也遭遇過相同的困境，「去年在聖安東尼奧（San Antonio），我的專屬翻譯請假離開幾天，於是我必須自己點客房服務。」他撥電話到餐廳，與女服務生的對話如下：

朴贊浩：「你們有什麼？」

服務生：「你想吃什麼？」

朴贊浩：「呃……沙拉。」

服務生：「ＯＫ，那你要加什麼醬？」

朴贊浩：「我要沙拉醬。」

服務生：「醬料！我是問你要什麼醬料？」

朴贊浩：「呃……我不知道名字！呃……就白白的那種。」

服務生：「ＯＫ！」

後來朴贊浩收到一份滿滿美乃滋的古怪沙拉，但他要的其實是田園沙拉醬。

「我知道他會經歷什麼樣的事，因為這些事去年就發生在我身上。這段過程很艱苦，而現

在，他正經歷最痛苦的一段時間。」

「我決定幫助他，我甚至想約他一起吃晚餐。」

「如果他願意，我一定會幫助他。」

除了語言隔閡感同身受之外，另一個改變朴贊浩想法的關鍵，則是他體會到野茂對棒球的摯愛，「我一度以為我們之間只存在競爭對手的關係，加上韓日兩國之間敏感而微妙，我知道除非我在大聯盟投得比野茂好，否則韓國球迷一定會不高興。」「可是隨著時間流轉，我的想法變了。野茂眼裡只有棒球，在感受到他對棒球如癡如狂的熱愛之後，我開始尊敬他。」

愛吃韓式料理的野茂，經常與朴贊浩相約到洛杉磯「韓國城」的小餐館，兩人一邊吃飯一邊聊棒球；球季結束後，朴贊浩到日本找野茂，野茂也去首爾參加朴贊浩的公開活動，宣示兩人的好交情。

一九九七年球季，野茂與朴贊浩都拿下十四勝，並列道奇勝投王。儘管隔年野茂被交易到大都會，而在他二〇〇二年回歸道奇的同時，則換成朴贊浩改投遊騎兵，但不論職業生涯走到哪裡、如何高低起伏，兩人都是最好的朋友。二〇〇五年，野茂出席朴贊浩在首爾舉辦的盛大婚禮以及「大聯盟百勝」慶祝會；二〇〇七年，野茂與朴贊浩在大聯盟同樣一勝難求，球季結束後兩人相約在洛杉磯一起自主訓練，野茂準備參加冬季聯盟的比賽，朴贊浩則為二〇〇七年第二十四屆亞洲棒球錦標賽備戰。

野茂與朴贊浩開啟亞洲棒球選手挑戰大聯盟的風潮。二〇一五年一月十七日，兩人獲頒「棒球先驅者獎」（Pioneers of Baseball），肯定他們對世界棒球的貢獻。朴贊浩在受訪時表達對野茂崇高的敬意，「他的成功帶給日本人夢想，也成為我升上大聯盟的動力。」

儘管在球場上難免面臨競爭與比較，但只要離開球場，兩人始終是最好的朋友。

野茂與一朗「人間力」的最大修煉

題外話，日本職棒的兩大「先驅者」野茂英雄及鈴木一朗，兩人與日本媒體之間都存在嚴重對立。一朗挑戰大聯盟的第一年（二〇〇一），絕大多數日本媒體都希望他以失敗收場；無獨有偶，根據《洛杉磯時報》報導，一九九五年春訓期間，日本記者主客觀都期望野茂開季從三A出發，因為他們希望擠進先發輪值的投手，竟然是韓國籍的朴贊浩。

朴贊浩樂於與媒體互動，即便有搞不清楚時差的記者在凌晨兩點打電話給他，他也不以為忤。《中日體育》記者竹下陽二就說：「日本媒體都超喜歡他，為他加油，我們甚至想約他吃晚餐，只是不知道可不可以。」

上面這個「他」指的當然是朴贊浩。可是講到野茂，竹下話鋒一轉：

「可是野茂……我真的搞不懂他。我不喜歡他說話的方式，簡直把我們當傻瓜，讓人有被冒犯的感覺。」

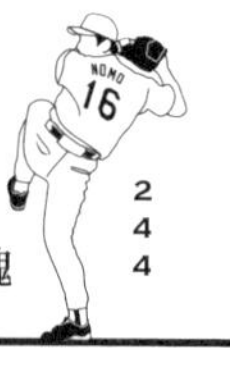

「他雖然從不對媒體說『你這個笨蛋』，但他表現出來的態度就像在說『你這個笨蛋』。」

「真希望他能多像朴贊浩一點。」

必須說，野茂與一朗的媒體應對問題有部分是本身個性使然，野茂的「靜寡」與一朗的「孤高」在日本是有名的。然而激化雙方對立的元兇，還是必須歸咎於日本媒體侵犯隱私、誇大聳動的報導惡習。撇開日本媒體在野茂赴美前鋪天蓋地痛批他「叛徒」、「麻煩製造者」、「拜金男」不說，赴美後的野茂還曾經控訴部分媒體製造假新聞：他多次澄清自己的肩膀健康無恙，但媒體卻言之鑿鑿，報導他肩膀有傷；他一再表示自己維持極佳的體態，媒體卻指責他過胖。

為了維護隱私並保持低調，野茂赴美後限制日本媒體每四天才能採訪他一次，而且只能以團體的方式，不得以個人為之。當然，這樣的作法無助於與媒體和諧相處。竹下就認為，「野茂口口聲聲說要成為大聯盟選手，但他卻拒絕在休息室受訪。如果他這麼喜歡美式作風，那他就該做美國人做的事。這太矛盾了。」

聽到媒體的抱怨，野茂搖搖頭，伸手進置物櫃裡拿出最新一期的日本棒球雜誌，封面故事是「村上雅則訓誡野茂英雄」，文中引述村上的話說「只要野茂一直依賴經紀人和翻譯，他就永遠上不了大聯盟」，雜誌還引用拉索達的話說：「我覺得很丟臉，野茂本身就是個問題，他的態度是大問題。」

當然，野茂心裡很清楚，拉索達絕對不會說這樣的話。至於村上？野茂從此不再接受村上的任何專訪。

不管是對野茂或一朗，媒體應對問題始終是「人間力」的最大修煉。

PART 5

龍捲風與指叉球

社會人時期的野茂英雄為了練成指叉球，每晚睡前都用膠帶將網球固定在右手食中二指之間，藉以撐開這兩指的叉開幅度。他形容自己「日復一日練習，直到有一天，球終於能掉進好球帶，我永遠不會忘記這一天！」

29

橫掃美日的「龍捲風投法」

年輕一輩的棒球迷如果沒有經歷過一九九〇年代野茂英雄在日職與大聯盟的全盛時期，不妨聽聽「暗黑全壘打王」邦茲怎麼說吧：「我從來沒看過像他這樣的投手，在這麼特異的投球姿勢之下要打到他的球，簡直是不可能的，因為你根本不知道球從哪裡來。」

直舉雙臂，胸部伸展朝前，停頓後抬腿扭腰，急遽轉向二壘背對打者，再急轉向前投球，野茂藉由「龍捲風」投球機制中身體旋轉以及肢體扭轉造成肌肉的反發作用，增加球速與球威；此外，由於持球時間更長，加上轉身背對本壘，造成打者無從研判投手的握球與放球點，更增添擊球的難度。

憑藉詭異幻惑的「龍捲風投法」，野茂在日職第一年拿下洋聯三振王、新人王等獎項。他在一九九〇年每九局三振高達十．九九次，刷新日

「我從來沒看過像他這樣的投手，在這麼特異的投球姿勢之下要打到他的球，簡直是不可能的，因為你根本不知道球從哪裡來。」

——邦茲

職紀錄，單季二八七次三振甚至比第二名多了一百次以上。

一九九五年挑戰大聯盟後，野茂同樣以「龍捲風投法」席捲大聯盟。教士強打三壘手卡米尼提（Ken Caminiti）回憶說：「奧運代表隊時期，我想我大概和日本、韓國等隊交手過十三場。他們有許多側投，而且屬於突然出手的那一型。但我從未見過野茂英雄的投法，真的！很難猜到他的球路。」

「龍捲風投法」的緣起

綜觀日本野球史，野茂的「龍捲風投法」雖然不是獨一無二，但根據記者久保田龍雄的考證，最早以相似機制大放異彩的投手已經要追溯到二戰之前了。一九二九年入學的明石中學校王牌投手楠木保，以渾重的速球，帶領剛成立不久的野球部六度進軍甲子園大賽，包括一九三二年春季甲子園對廣陵中學校締造大會史上第一次「先發九棒全員三振」，同年夏季甲子園對北海中學校則投出「無安打比賽」。楠木的投球特色是擺臂動作大、高抬腿、上半身扭轉背對打者投球，與「龍捲風投法」相差不遠。

但因投球的右肩使用過度，楠木在就讀慶應義塾大學後轉任野手，一九四三年七月戰死中國，得年僅二十八歲。雖然終其一生無緣職棒，但他仍以「世紀之剛腕投手」稱號，在日本野球史留名。

至於大聯盟史上類似投球機制最有名的投手，則是大聯盟生涯二二九勝、兩度獲得聯盟防禦率王的古巴裔強投提安特（Luis Tiant）。野茂在一九九五年二月同意加盟道奇後，時值大聯盟罷工，他只能與球團簽下一張小聯盟合約，隸屬二A聖安東尼奧傳教所隊（San Antonio Missions），而這支二A球隊的新任投手教練無巧不巧，正是提安特！

野茂前往維羅海灘的道奇春訓營報到後，提安特在野茂身上看到自己的影子，不論投球或出身皆然。「他是聰明的投手……如果你投得好，那你就是好投手，跟你出身哪裡無關。」提安特說。

提安特以過來人的身分，化解道奇高層對野茂投球動作的疑慮。總教練拉索達就說：「他一來到維羅海灘，我就告訴教練別試著改變他。我對他的投球動作不覺得奇怪，因為提安特也是用同樣投球動作解決打者。」

解析野茂的「龍捲風投法」

野茂的「龍捲風投法」大致可拆解成三階段，解析如下：

一、雙手伸直，直舉過頂

雙手合起握球置於小腹前方，挺胸直背，雙臂緩慢向上直舉過頂。這種投球姿勢在二戰前頗為普遍，不過野茂顯然是有意識地藉由雙臂以垂直地面的角度向上伸直，使肩膀與手臂獲得

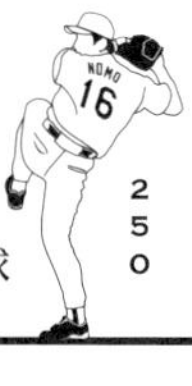

最大的伸展，利於之後的高壓式投球。

此外，野茂的身體一開始先呈現九十度橫向旋轉，再加上兩臂縱向伸展，有助於全身力量的凝聚。

二、抬腿扭腰，身體旋轉面向二壘

收回手臂的同時，前腳（即左腳）大腿抬起向後旋轉，同步帶動上半身（主要是腰與髖關節）向後扭轉；在上半身背對本壘板的情況下，投手完全隱蔽握球的右手與手套，這就是造成邦茲「不知道球從哪裡來」的關鍵動作。

從運動力學角度觀之，關節的扭轉拉伸肌肉，就像上緊發條般蓄積能量。野茂體型的特色在於腿壯而腰寬，當他向後旋轉時，軸心腳（右腳）膝蓋彎曲，透過大腿併攏來蓄積能量，並將臀部（即身體重心）壓低。

三、跨步、擺臂、放球

藉由身體扭轉的反作用力，朝本壘方向大跨步，同步釋放扭轉所蓄積的能量，不僅增加球速與球威，更使放球點愈加靠近本壘。

因此，野茂並不是以前腳跨步帶動身體往前，反而是藉由後腳及腰臀釋放扭轉的能量去推動身體向前；前腳著地的同時，重心由後腳轉移到前腳，腰臀大力扭轉，產生投球的動能。

至於上半身的部分，野茂跨步時先高舉左手肘，在上半身側向旋轉的同時，左肩下沉、右肩抬高。有專家就認為，上述左右兩肩上下運動，讓野茂在原本上半身的橫向旋轉中加入縱向旋轉，利用上半身前傾，投球的右手肘帶動前臂以高壓式從高點猛力向下投球。

綜上，「龍捲風投法」是利用身體旋轉與四肢扭轉產生動能的投球技術，難度之一在於下半身重心的轉移，如果在運動過程中發力的時機不正確，可能導致力量的流失；難度之二則是投手的雙腿必須強壯而有力，一旦旋轉時軸心腳的站位不夠穩固，可能導致身體軸線與視線錯位，進而控球不穩，這就是為什麼一般投手無法模仿及駕馭野茂「龍捲風投法」的原因。

此外，「龍捲風投法」大幅增加投手的身體負擔及疲勞程度，是否成為野茂在投球生涯中後期頻繁受傷與低潮的遠因？又，這種投法動作大、投球時間長，增加對方盜壘成功的機會，因此野茂在壘上有跑者時經常改用一般投法。

是投球機制，更是勇氣的代名詞

「龍捲風」是野茂獨特的投球機制，也成為他在日美兩地掀起旋風的代名詞。在台灣更影響了包括宋肇基在內的前中職投手，前La New熊隊投手許文雄在高苑工商時期甚至有「野茂文雄」的稱號。對於生長在那個年代的台灣投手來說，應該或多或少都模仿過野茂的「龍捲風投法」，除了一看就忘不了之外，更因為野茂挑戰大聯盟的球技與勇氣，他是許多台灣棒球迷從中職、日職轉而接觸大聯盟的起點，是球迷心目中真正的「英雄」。

30

指叉球——「二十世紀最後魔球」的蝴蝶效應

一九八〇年代以指叉球殺遍大聯盟的名人堂投手莫里斯（Jack Morris），捕手搭檔帕里許（Lance Parrish）這麼形容他的指叉球：「他投指叉球的動作與速球無異，但當球開始下墜時，就像從桌子上掉下來這麼誇張。」

莫里斯自己則解釋：「我的指叉球離手時會產生類似曲球的旋轉，當我學會將指叉球壓低，即便有時在本壘板前提早墜地，但打者無法忍住不揮，連帶地速球也打不好。這就是我最具破壞力的球種。」

想像這個畫面：球在進入本壘板前彷彿踩了煞車般急速下墜、甚至提前挖地瓜，打者揮棒劃破空氣，棒子卻與球差了老大一段距離。提到這個棒球比賽中常見的光景，或是說到王牌投手的「決勝球」、「魔球」，許多球迷第一個想到的都是指叉球。

「他（莫里斯）投指叉球的動作與速球無異，但當球開始下墜時，就像從桌子上掉下來這麼誇張。」

——帕里許

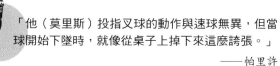

指叉球的力學原理

「指叉球」顧名思義，是以食中二指叉開的方式來握球。指叉球的投球動作與速球幾乎相同，對打者能造成混淆的效果；至於這個球種最大的魔力——驚人的下墜幅度，則與其握法息息相關。蓋因球離手時只以食中二指的內側貼住球皮，帶動球的旋轉較少（可能不到速球的一半），增加飛行時的風阻、減緩球速，進而產生類似「煞車」的效果，同時使球體在進入本壘板前因為重力效應而急速下墜。

相較於一般球種利用球體旋轉來控制投球路徑的穩定性（猶如子彈以「循膛線旋轉」的方式來維持彈道穩定），指叉球則正好相反。投手利用食中二指叉開夾球，出手時僅運用兩指內側的力量將球送出，故能以極低的轉速，讓球體在行進中因為風阻和重力而失速下墜；而且隨著轉速愈低，球的行進路線更難被預測與控制，增加打者擊球的不可預測性。

至於投手要如何降低轉速？既然指叉球的原理是以「食中二指的內側貼住球皮，帶動的旋轉較少」，那麼當這兩根手指叉開的角度愈大，扣球施力的程度愈低，球體的縱向轉數當然愈低；另外也有投手將大拇指握在球體底部，對球產生後旋的作用力，剛好和（夾住球體上方的）食中二指帶動球體前旋的作用力相互抵銷，當這兩種施力產生極為完美的平衡時，就能將球的轉速降至最低。

但請注意，一顆近乎不旋轉的球要穩穩投進六十英尺外的捕手手套，光用想像就知道難度頗高；而且這種指叉球一旦失投，就彷彿成為懸在本壘板上空、轉速極慢又掉不下來的慢速球。易言之，失投的指叉球很容易成為打者狙擊的目標。

一九八〇年代大聯盟的代表球種

指叉球是一九二〇年代大聯盟投手基夫（Dave Keefe）所發明。他小時候與哥哥姊姊玩玉米切割機，右手中指遭刀刃割斷，長大後投球時意外發現以食指及無名指夾球，將使球體產生異常的旋轉，指叉球就這樣被發明了。

或許是握法有違人體工學的關係，有超過半個世紀的時間，指叉球在大聯盟並不普及，直到一九八〇年代才因為幾名頂級強投而暴紅。生涯拿下三百次救援成功的名人堂終結者蘇特（Bruce Sutter），就以快速指叉球宰制大聯盟。

快速指叉球（Splitter）與指叉球（Forkball）的差別，在於前者食中二指的叉開幅度小於後者，由於手指可以稍微扣到球，因此轉數較高、球速也較快，但兩指通常不會扣在縫線上，以避免過度增加球的旋轉力。

台灣球界習慣將快速指叉球稱為「小叉」，指叉球則稱為「大叉」。就握球方式、球速、變化幅度論，快速指叉球是介於速球與指叉球之間的球種，有美國專家甚至形容快速指叉球是速球的變種，整體投球機制更近似速球。握球時食中二指比二縫線速球略寬，通常是扣在縫線最窄處的外側，因此球的轉數較指叉球高，球速也更快，一般來說，速球球速九十五英里的投手，快速指叉球球速可能也有九十英里的水準。

至於快速指叉球雖然下墜幅度較小，但因球速、轉數與速球相近，下墜的時間更慢，因此打者常誤判為速球，等到揮棒出去才發覺擊球位置判斷失誤，容易揮棒落空。

在莫里斯、戴夫・史都華相繼憑藉指叉球稱霸世界大賽之後，指叉球成為一九八〇年代的顯學。二〇〇二年率領天使贏得隊史首座世界大賽冠軍的總教練索夏（Mike Scioscia），一九八〇至一九九二年曾是道奇的當家捕手，他形容當時「每個人都在投指叉球，就像一九六〇年代的滑球一樣，指叉球成為一九八〇年代的代表球種（the pitch of the'80s）。」

在莫里斯效力老虎時期教會他快速指叉球的投手教練克雷格（Roger Craig），正是快速指叉球的發明人，被媒體尊稱為「指叉球界的尤達大師」。克雷格教會太多投手投指叉球，曾經是他的教練團成員、一九九〇年代初期擔任巨人投手教練的瑞蓋提（Dave Righetti）說：

「指叉球是狂野的球種，在你學會控制它之後，它能對打者產生超大的殺傷力，特別是終結者或佈局投手。」

「指叉球讓許多投手發大財。」

這句話一點都不假，曾經一無是處的太空人投手邁克・史考特（Mike Scott），二十九歲

那年冬天請克雷格到加州一對一指導，兩年後（一九八六）投出「無安打比賽」、拿下國聯賽揚獎及國聯冠軍系列賽MVP。猜猜看，那年季後賽排在史考特之後的太空人第二號先發投手是誰？是大聯盟三振王諾蘭．萊恩！

至於生涯七座賽揚獎、高居史上最多的「火箭人」克萊門斯，則是在一九八六年休士頓的慈善高爾夫球賽，由史考特親自傳授快速指叉球的投球技巧，再由克萊門斯改造成自己的版本（他還給了暱稱"Mr. Splitty"）。就如克萊門斯所言，雖然他和史考特的握法一致，但對球施加壓力的方式不同，球路變化軌跡也不相同。不過兩人的快速指叉球有一個共同的元素，那就是「狂野」，克萊門斯說：「這是一個狂野而強烈的球種，而且你必須這麼投。為了這個目標，我費盡心力去強化自己手臂和手掌各種不同的肌肉和肌腱，這就是我成功的祕訣。」

指叉球成為投手受傷的代罪羔羊？

至於盛極一時的指叉球和快速指叉球，為什麼突然在大聯盟近乎消聲匿跡？近代雖然有哈勒戴（Roy Halladay）、哈倫（Dan Haren）、派柏邦（Jonathan Papelbon）等快速指叉球好手，但是為什麼現在會投這種球路的投手愈來愈少？

最主要的原因是受傷的風險。大聯盟球界相信指叉球和快速指叉球會對投手投球的手臂造成傷害，簡單來說，當投手食中二指叉開的角度愈大，將對手肘造成更大的壓力：

・二〇一一年一篇報導指出，天使、雙城、巨人、紅人、教士、光芒等球團都不鼓勵小聯盟投手練習快速指叉球，認為會傷害速球球速。

・前天使總教練索夏說：「我認為許多投手的投球問題——不管是手肘、上臂、肩膀——都與指叉球有密切的關聯性。」另一位前天使總教練梅登（Joe Maddon）也認為，「當投手的食中二指因為投指叉球而叉開，投球時無法感受到球體的阻力，故而對手肘造成壓力，進而受傷。」

・在教士擔任投手教練長達十七年的鮑斯利（Darren Balsley），他所指導過的投手沒有任何一人投指叉球。他說：「我曾經在很多場比賽中，看著我們隊上的某名投手，心裡想：『天啊！如果他能投指叉球該有多好，一定能幫助他更上一層樓。』，但我不能這麼做，因為我必須不惜任何代價來避免旗下的投手受傷。」「雖然我沒看過有任何實證數據證明指叉球一定會傷害投手，但在我或投手們的內心深處總會不時傳出這個聲音：『練指叉球可不是個好主意，何不改練變速球？』」

・就連擅長快速指叉球的投手如哈倫，也對這種球路抱持戒慎的態度。他說：「我的原則是不濫投快速指叉球，在非先發的休息日我盡量不投，即便比賽當天我也會把快速指叉球的用球量控制在二十至二十五球。試想每五天投二十五球應該不算多吧！我從來不敢投太多。」

・同時期打者也普遍感受到指叉球衰退的趨勢。名人堂打者吉姆・湯米（Jim Thome）發

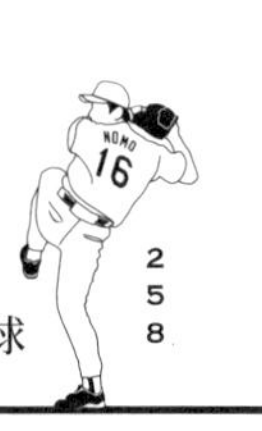

現，在他超過二十年的大聯盟生涯中，看到指叉球的頻率確實愈來愈低；二〇一三年國聯打擊王卡戴爾（Michael Cuddyer）則認為有更多投手開始改投卡特球與伸卡球，藉此取代指叉球，「指叉球在比賽中的頻率比以前少了很多。雖然有些投手不願意放棄自己最絕殺的球種，但不得不說，近年來打者看到指叉球的頻率確實遠不如以往。」卡戴爾說。

「快速指叉球會造成投手受傷」幾乎已成為球界的共識了，過去包括哈維（Bryan Harvey）、貝克（Rod Beck）、史莫茲（John Smoltz），他們在手肘受傷後都停止投快速指叉球；為了保護球團的重要資產，有愈來愈多投手教練要求年輕投手用變速球取代快速指叉球，即便前者的效果不如後者，近年來則有更多投手改練伸卡球和卡特球。

但問題是，這樣的說法有事實根據嗎？

二〇一八年六月，擅投快速指叉球的天使隊投手大谷翔平因右手肘不適而列入傷兵名單後，曾經執行超過一千台「尺骨附屬韌帶重建術」的手術權威、慶友運動醫學中心主任古島弘三指出，沒有任何臨床實證支持「快速指叉球會造成投手受傷」的說法。古島主任提出以下觀點：

・實證結果發現，在速球、變速球、曲球中，對手肘造成最大壓力的其實是速球，而不是變化球。因為投手在投速球時，手指施力更大，將顯著增加前臂的疲勞程度。

・肌肉、骨骼與韌帶是保護手肘的關鍵要素。如果投球過多導致前臂承受壓力，肌肉就會過度疲勞；當肌肉出力減少、骨骼無法代為出力的情況下，結果將使韌帶承受壓力。換言之，若投手在肌肉疲勞的情況下繼續投球，將使韌帶超過負荷，進而增加受傷的風險，與單一球種無關。

・實證結果發現，投球的壓力是由肌肉（百分之三十）、韌帶（百分之五十）、骨骼（百分之二十）共同承擔。當投球時揮臂所造成的壓力，超過手肘內側韌帶的極限時，即使投一球都有可能造成韌帶撕裂傷。

・除了球種之外，造成手肘受傷的因素尚包括投球球數、投球機制、投球強度、疲勞程度等。不論是日職或大聯盟投手，手肘受傷通常是各種因素的組合所造成，並非單一原因。

・造成投手在大聯盟受傷的其他因素還包括：

1 大聯盟比賽用球比日職更滑，可能導致投手握球時無意識地更加用力。

2 大聯盟球場投手丘的土質較硬，無形中改變了投手的投球機制。

3 大聯盟投手的登板間隔時間較日職短。

「二十世紀最後魔球」的蝴蝶效應

隨著運動科學日益精進，大聯盟球團更加重視投手資產的保護，併同「投手單場投球球數上限」、「五人先發輪值」的普及化，禁止投手投指叉球儼然成為大聯盟球團的王道。

尤其是一九九〇年代以來，對照指叉球和快速指叉球在大聯盟近乎消聲匿跡，日本開始稱之為「二十世紀最後的魔球」，繼而在野茂英雄挑戰大聯盟後，靠著這顆大聯盟強打極度不熟悉的「魔球」而大放異彩。

誠然，在沒有臨床實證支持之下，指叉球和快速指叉球成了大聯盟投手手肘及肩膀受傷的代罪羔羊。但反過來想，如果不是這樣的陰錯陽差，野茂、佐佐木主浩等指叉球高手挑戰大聯盟之路或許不會如此順利。大聯盟球團一場美麗的誤會，導致「二十世紀最後的魔球」加速日本投手在大聯盟的成功，或許也是另類的「蝴蝶效應」吧！

但回過頭來思考，雖然迄今尚無絕對的實證顯示「指叉球和快速指叉球必然造成手肘或肩膀受傷」的因果關係，個案因人而異，但指叉球風險相對較高，應是國內外棒球界的共識。大聯盟的經驗告訴我們，應避免讓青少年過早練投指叉球，可用變速球等其他球種替代；即便是職棒選手，也應在投手有足夠的成熟度之後（例如高階小聯盟）再練指叉球。

對於依賴指叉球的投手來說：（一）減少食中二指的叉開幅度；（二）避免因指叉球而衍生不適當的投球機制；（三）日常練習與正式比賽的指叉球使用量可合併計算，進行投球數量控管。上述三點建議，或許可做為球界參考的方向。

31

日系魔球的極致美學——剖析「野茂流」指叉球

一般認為棒球是在一八七二年從美國傳入日本，美國人威爾森（Horace Wilson，二〇〇三年入選日本野球殿堂）獲聘到開成中學（東京大學前身）擔任英語教師，課餘閒暇指導學生打棒球，這是棒球運動出現在日本最早的紀錄。

至於指叉球在日本的歷史有多久？二〇二二年，剛好是指叉球傳入日本的一百週年！

有趣的是，對照諸多美國文獻直指基夫是指叉球的發明者，日本卻從美日棒球交流的不同角度，認為指叉球是前紅襪投手子彈．喬．布希（Bullet Joe Bush）在一九一八年所發明；一九二二年的美日棒球交流賽，布希與擅投指叉球的紅襪隊友潘奈克（Herb Pennock）隨隊遠赴日本，後者將指叉球傳授給當時還是學生的天知俊一。

「這些漫畫魔球遠遠比不上我親身經歷過、野茂英雄的指叉球……超級可怕的下墜幅度，球真的在我眼前消失了！」

——田口壯

天知將自己學到的指叉球投法教給擔任外野手的同學中川金三，隔年（一九二三）春天，投手中川竟然在比賽中頻頻獲勝。有了這次成功的教學經驗，天知後來在明治大學野球部擔任技術顧問期間，決定挑選一名身高夠高的投手來傳授指叉球，理由很簡單，高個子投手通常手指長，更容易撐開食中二指、用兩指夾球。

天知後來選上一名身高一八二公分的學生投手，將指叉球的香火傳承給他。而這名投手就是後來在日職拿下二一五勝、被尊稱為「指叉之神」（フォークボールの神様）的杉下茂。

橫空出世的「指叉之神」

高中時期的杉下原本臂力不強，只能擔任一壘手，被虧是「弱肩之茂」。畢業後入伍接受軍事訓練，杉下因為棒球選手的身分而被指派為手榴彈擲遠的競技代表，經過密集訓練，他的肩力與臂力急速成長。

一九四八年，杉下在就讀明治大學期間向技術顧問天知習得指叉球，從此日復一日拿著用過的舊球對球場圍牆投擲，苦練如何讓球不旋轉、產生不規則的下墜。換言之，相較於近代的指叉球或快速指叉球，杉下指叉球的軌跡其實更近似蝴蝶球，在當時有著「**球猶如蝴蝶飛舞般搖擺不定，最後直接下墜**」、「**連縫線都看得一清二楚**」的說法。

隔年（一九四九）杉下加入日本職棒中日龍隊，成為日職史上第一位投出指叉球的投手，因而尊稱為「指叉之神」。一九五一年，他和川上哲治等選手被派往美國參加三A舊金山海豹隊的春訓營，在擔任打擊練習投手時投出直角下墜的指叉球，據說還有大聯盟球團捧著合約要簽下他。

杉下在一九五一、一九五二、一九五四年三度獲頒澤村賞，不過弔詭的是，他在比賽中極少投指叉球。曾經有一年「日本一」系列賽，他在首戰面對前三棒，兩好球之後連續以指叉球拿下三次三振，但從此再也沒有投過指叉球。

杉下為什麼抑制自己投指叉球？歸納有下列四個原因：

一、當杉下投指叉球時，場上的野手會向他抱怨：「你就自己一個人玩棒球好了。」

二、經過服役期間手榴彈擲遠的刻苦訓練後，杉下非常自豪於自己的肩力與臂力，他深信「用直球打敗打者，才是投手追求的目標」，因此指叉球只在關鍵時刻使用。

三、杉下大學時期的教練告誡他「投手最重要的是『拿線穿針』等級的控球力」，而他的「無旋轉指叉球」還不到這種等級，所以比賽中仍以直球與曲球為主。

四、一九五四年，天知俊一擔任中日隊監督，他指示杉下無論關鍵時刻與否，都必須積極投指叉球。杉下在這一年成功壓制「打擊之神」川上，還拿下聯盟三振王。但因為對身體負擔太大，自此之後他就更少投指叉球了。

杉下退休後擔任阪神虎隊投手教練期間，將指叉球傳承給第二代「老虎先生」村山實。至

於一代傳奇巨投村田兆治，一九六八年進入職棒後起步緩慢，直到村山建議他「每天二十四小時都要握著球」之後，村田學習指叉球的熱情完全燃燒，他後來甚至連喝咖啡都用兩指夾住杯子。

一九八〇年代之後的指叉球強投包括遠藤一彥、牛島和彥，其後桑田真澄引進快速指叉球；一九九〇年代，當指叉球在大聯盟日漸式微之際，野茂英雄、伊良部秀輝、野田浩司、佐佐木主浩則將日職帶入指叉球的黃金時期；二十一世紀以降，達比修有、田中將大、黑田博樹、上原浩治、大谷翔平等陸續以這顆「二十世紀最後魔球」，將日本投手挑戰大聯盟的風潮延燒至今。

雖然指叉球在日本傳承有成，杉下卻對後世這些指叉球或快速指叉球投手嗤之以鼻，他認為真正會投指叉球的投手除了他之外，就只有村山實、村田兆治、野茂英雄、佐佐木主浩而已。

剖析「野茂流」指叉球

指叉球初學者一定都有感到挫折的經驗，投手必須極力撐開食中二指，用兩指夾球之後丟出手。此間難度最高之處在於：要就是球該離手的瞬間還夾在指縫，不然就是控球力全失，即便投進好球帶也是球速慢、進壘點偏高。

華興中學時期的「大郭」郭源治，練投指叉球時因為無法以食中二指夾球，因此他用土法煉鋼的方式，將球叉在兩指之間，每晚綁住固定後入睡，讓手指習慣叉住球的感覺；野茂的作法則是用膠帶將網球固定在右手食中二指之間入睡，藉以撐開這兩指的叉開幅度。

「野茂流」指叉球有其獨到的握法。雖然同樣以食中二指夾球、兩指置於雙縫線的外側，但與其他投手不同的是，他將大拇指置於食指的同一側，食指自然彎曲，與大拇指指尖接觸並形成「OK」的手勢，其他三指則在另一側自然彎曲。

再說到指叉球的投球機制，一般投手會很自然地將焦點放在食中二指之上，包括杉下在內，他們多半將大拇指置於球的下緣，離手瞬間感覺球是從食中二指之間滑出，藉以降低球體的旋轉；然而「野茂流」指叉球的關鍵在於大拇指，他的握法近似「圈指變速球」（俗稱「OK球」），將球握得更深，球置於食指與大拇指形成的圓圈當中，投球時手腕固定，出手後產生一定程度的旋轉。

回顧野茂的指叉球進化過程，可概分為兩個階段：

第一階段：投球時手腕固定

常見的指叉球投法，是在球離手瞬間迅速將手腕下扣，食、中二指內側施力將球送出。然而野茂的問題是，他扣球時手腕經常用力過度，造成球在本壘板前提早落地。

為此，他在社會人時期改練手腕固定的投法，亦即手腕不施力、不壓腕。練成之後效果極

佳，時速一百五十公里左右的剛速球，搭配投球姿勢幾乎相同、但好球帶前急遽下墜的指叉球，讓打者吃足苦頭。

第二階段：類「圈指變速球」握法

指叉球的奧義在於其投球動作、擺臂速度、放球點和速球幾乎一模一樣，差別只在握球方式不同，這就是造成打者誤判而揮空的主因。傳統指叉球轉速慢，球路軌跡近似自由落體拋物線，因此當打者一開始誤判是速球而出棒，等來球接近好球帶而急速下墜時，打者已經煞不住車了。

社會人第二年的野茂就靠這招大量累積揮空與三振數，但問題來了：國際賽對上美國或古巴，強打者卻能略過他的指叉球不打，最後多數被判壞球，到底是怎麼破解的？

原來這些強打者揮棒速度快，他們可以等到球進入捕手手套前的最後一刻才出棒，因此有更多時間觀察來球縫線的變化。當球看得到縫線，代表轉速慢，那就是指叉球而放掉不打；反之，呈現快速縱向旋轉、看不清楚縫線的就是速球。在知道問題之後，野茂研發類似「圈指變速球」的握法，讓指叉球與速球呈現同樣的縱向迴轉，進而造就他在日美兩地成功的職棒生涯。

野茂的「大心臟」思維

不過問題來了：全盛時期的野茂難道沒想過要多練球種？難道不會自我懷疑，單憑直球和指叉球真能征服大聯盟打者嗎？

一九九七年冬天，亦即挑戰大聯盟的三年後，野茂在受訪時直率地提出自己的想法：

「就像席林（的配球模式）是外角、外角、滑球，麥達克斯是外角搭配變速球，佩卓・馬丁尼茲則是滑球、速球、滑球。」

「一個好投手沒有必要為了打者而改變自己的模式。我只要投好外角、外角、指叉就夠了，這就是我理想的模式。」

野茂上述說法隱含兩種更深層的寓意：

1 野茂對於自己的速球與指叉球，存在無可救藥的樂觀以及超乎想像的自信。但無須意外，畢竟這是他從小到大練習與比賽投過無數次的球種，如果這樣還沒自信，那又要如何說服觀眾買票進場看你的表演？

2 對照大聯盟的日本人先發投手，包括松坂、達比修、黑田、田中、大谷等，至少都擁有四至五種球路，野茂的「大心臟」思維與大聯盟意外地契合。

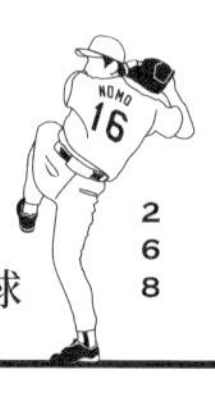

超越漫畫等級的指叉魔球

自從「先驅者」野茂以降，伴隨著日本投手陸續跨海挑戰成功，大聯盟球團禁絕指叉系球種的觀念正悄悄地發生質變，前大聯盟救援王葉茲（Kirby Yates）就是一例。

二〇一六年效力洋基期間，葉茲的滑球一再遭打者痛擊，他因而向日籍隊友田中將大新學了快速指叉球。隔年（二〇一七）加盟教士後，擔任球團顧問的野茂傳授葉茲如何在實戰中以指叉球搶好球數或是釣打者揮棒。年過三十的葉茲脫胎換骨，進而在二〇一九年以單季四十一次救援成功、防禦率一・一九拿下國聯救援王。

全盛時期野茂的指叉球有多難打？同年代的美日職棒打者適足以為歷史作見證：

・一九九五年春訓熱身賽，洋基打者波隆尼亞（Luis Polonia）在與野茂交手過後這麼說：「我這輩子都不想再面對這傢伙了，他完全打亂了我的打擊節奏。」

・同年六月，已故名人堂球星、生涯拿過八座打擊王的昆恩受訪時說：「我看過許多野茂投球的錄影帶，而且是從各種不同的角度，只能說他的指叉球實在不可思議。」「你不可能分辨這一球是指叉球還是速球——除非球在進入本壘板前掉了一英尺。」

・道奇隊友、一壘手卡洛斯回憶說：「許多大聯盟打者，特別是左打者，都打不到他的球。誇張的是，就連左右開弓的打者都寧可放棄左打，留在右打區面對他，因為左打者幾乎打不到他的指叉球。」至於真正困擾大聯盟打者的是野茂急速下墜的指叉球？還是怪異的「龍捲風」投球姿勢？卡洛斯說：「我也說不上來，應該是兩者的綜合體吧！」

曾經效力日職歐力士及大聯盟紅雀、費城人、小熊等隊的田口壯，退休後被日本媒體問到「什麼是棒球漫畫中最厲害的魔球？」田口回答：「應該是星飛雄馬（巨人之星）的『大聯盟魔球』、番場蠻（魔投手）的『大迴旋魔球』……」說到這裡，田口想了想，他補上一段話：「但這些漫畫魔球遠遠比不上我親身經歷過、野茂英雄桑的指叉球……超級可怕的下墜幅度，球真的在我眼前消失了！」

結語

先驅者的歷史定位

一九九五年九月，野茂英雄挑戰大聯盟的半年過後，他在一次專訪中將手伸進皮夾，摸索著拿出一張半透明的塑膠卡片。

這是一張加州駕照。

在美國，駕照對於任何年滿十六歲的公民或許是小菜一碟，但野茂不一樣，當時二十七歲的他無意成為美國公民或在美國定居，球季結束就要回大阪，況且他在美國連車子都沒有。但這張駕照對他至為珍貴，因為這是他在美國存活下來的證明，更是一場荒誕夢想的實現。

堅持信念，與夢想「直球對決」

年輕球迷或許無法想像野茂挑戰大聯盟的過程是如何備嘗艱辛、他的成功有多麼不可思議。你知道嗎？一九九五年之前，多數美國人連日本有

「如果沒有野茂英雄，我們誰都不可能來到美國。」

——黑田博樹

職業棒球都不知道，極少數知道的美國人也是用一種居高臨下的鄙視態度。

對美國人來說，日本職棒就是個「實力連三A都不如的次級聯盟」，能讓過氣的大聯盟選手在那裡撈到生涯最後一張肥約，或是讓大聯盟明星隊在休季期間邊度假邊打球還兼賺外快，僅此而已。

也許你會反問，難道美國人不知道王貞治打了八六八支全壘打，還是「世界全壘打王」嗎？棒球作家懷廷當時就住在紐約，他說美國人的反應是：「他們穿和服打球嗎？」「他們打得到大聯盟的速球嗎？」

反之，從日職選手的視角，大聯盟則是仰之彌高又遙不可及的棒球殿堂。野茂的摯友、也是前近鐵隊友吉井理人回憶，在那個年代，NHK的衛星頻道BS會轉播大聯盟賽事，而日職選手是以「高中生崇拜職棒選手」的心情在看比賽。「我有好幾次告訴球團『我想去打大聯盟』，但總是得到『你白癡啊』、『傻了嗎』這樣的回應。」吉井苦笑著說。

然而在野茂之前，除了無心插柳的村上雅則之外，難道沒有任何選手有機會挑戰大聯盟嗎？有，一九三四年，十七歲的高中生投手澤村榮治對美國大聯盟明星隊先發七局僅失一分，還連續三振貝比魯斯在內的四名中心打者，最後因「洋基鐵馬」賈里格（Lou Gehrig）的全壘打而以〇比一落敗。賽後有大聯盟球團想簽下澤村，澤村卻回答美國記者：「我的問題是我討厭美國人，不可能成為美國人。」充分反映二戰之前日本人強烈的反美情緒。

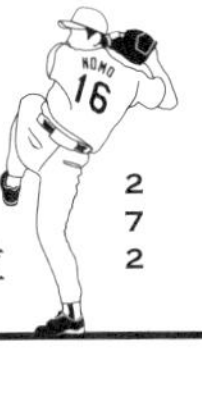

一九六一年讀賣巨人前往美國移地春訓期間，道奇老闆歐馬力想出錢買斷明星三壘手長島茂雄，據說長島也頗為動心。但巨人老闆正力松太郎卻悍然回絕了，他認為巨人球團給長島的是一張終身契約，因此長島應該將對巨人乃至於日本的責任放在第一位。大和民族根深蒂固的「集體主義」，亦即「集體利益至上，犧牲自己在所不惜」的武士思想，不也發生在三十多年後的野茂身上嗎？

這就是為什麼野茂會稱為「先驅者」的原因。他勇於挑戰傳統智慧，建立自己的方法論，不在乎周遭異樣的眼光。唯有顛覆陳規，才有可能開創新局；至於外界排山倒海的批評，不妨轉念思考：批評的總是那些不願意挑戰的人，可不是嗎？

曾經有日本媒體訪問野茂的好友們，為什麼他能在大聯盟獲致成功，甚至在全美掀起「野茂狂熱」？他的好友們不約而同地選了「信念」兩個字：

・「簡單說，他對自己的身心都充滿信念。他不但身體素質強大，更重要的是他比一般人更有毅力，對成功更加執著。」——與田剛（前中日龍隊監督、一九八九年亞洲盃棒球錦標賽日本代表隊隊友）

・「他有堅定的自我信念，堅持做自己，才能免於受到周遭人的影響。」——吉井理人（前近鐵、大都會隊友）

・「他有堅強的信念，無論情況多麼艱難，一旦定下目標，絕不退縮。我認為如果不是野

茂強烈的信念與堅定的心志，換做其他人是絕對不可能成功的。」——福島良一（大聯盟評論家）

正如福島所言，對日本棒球選手來說，「大聯盟猶如夢想中的世界，是野茂讓夢想成為現實。」也正因為他堅持信念，勇敢與夢想直球對決，才能推動時代的巨輪向前進。

「如果沒有野茂桑，我們誰都不可能來到美國」

雖然野茂謙稱「就算我沒去大聯盟，這個時代遲早都會到來」，但如果不是野茂催生「入札制度」，鈴木一朗不可能在二〇〇一年順利挑戰大聯盟；如果沒有野茂挑戰威權，松井秀喜也不會有勇氣在二〇〇二年十月三十一日告訴讀賣巨人球團代表土井誠、長島茂雄前監督、原辰德監督「我只自私這一次，請原諒我」，隨即在隔天宣布挑戰大聯盟。

超過四分之一個世紀前，野茂抱持被日本球界永久放逐的覺悟，乘桴渡海，終結日本職棒的鎖國時代。他打開了這扇門，重新塑造日本野球在世界的歷史定位：

・「他證明了日本棒球水準與大聯盟並沒有那麼大的差異，他激勵了其他人追隨他的腳步。」——王貞治

・「在野茂桑來這裡之前，每個人都認為大聯盟選手就跟神獸沒兩樣，因為他們是如此巨大。但現在我們會想『或許我也能在大聯盟打球！』」「長久以來在我的認知裡，大聯盟與日

職，就像大人與小孩的差別。直到曾經一起打球的野茂桑，如今成為在大聯盟爭奪一、二名的投手，這件事徹底改變了我的認知。身為球迷，我很榮幸見證他的成功。」——鈴木一朗

・「我認為今天日本人選手能活躍於大聯盟，有很大一部分必須歸功於野茂桑巨大的影響力。」「野茂桑是我們的先鋒，所有在大聯盟的日本人選手都欠他一份情。」——松井秀喜

・「一朗的成功激勵我成為大聯盟選手，野茂英雄也是。野茂和我一樣是投手，但即便一朗是打者，他們在大聯盟的成功對我都是非常大的鼓勵。」——達比修有

・「野茂桑和達比修桑提升了日本的棒球水平。我也想成為這樣的選手。」「當野茂桑進到大聯盟時，還沒有日本人選手能在那裡投出好成績，他的率先成功帶來巨大的影響力。」——大谷翔平

・「初中時，他給了我一個明確的目標：大聯盟。從那個時候開始，我的人生目標就是要和他在同一座球場打球。」——松坂大輔

・「如果沒有野茂桑，我們誰都不可能來到美國。」「野茂桑提升了日本人選手在美國的評價。能穿著野茂桑穿過的（道奇）球衣上場比賽，我深感自豪。」——黑田博樹

・「野茂桑很了不起，我們之所以能成為現在的我們，都是因為野茂桑。」——石井一久

・「身為日本人，他在大聯盟創造了歷史。」——齋藤隆

・「無論是野茂英雄或鈴木一朗，他們的表現超越了我們的想像。身為『先驅者』的野

茂，以及繼之而起的野手一朗，如果沒有這兩人，大谷翔平今天不會站在這裡。」——山崎慎太郎

・「野茂背負著日本人的夢想而戰，他開展了日職選手未來的可能性。無論是鈴木一朗或松井秀喜在大聯盟的活躍，都必須歸功於野茂為他們開闢一條道路。他是日職史上偉大的『先驅者』，更是一代傳奇。」——金村義明

・「也許有人會說『國際化』是必然的趨勢，一九九〇年代後期是運動產業全球化的開始，NBA、英超都是如此，許多球團營收一飛沖天。但如果沒有野茂，或許鈴木一朗永遠不會有機會挑戰大聯盟，至少不會是二〇〇一年。」——小林至（前千葉羅德海洋隊投手）

・「他為日本人選手所做的一切，我深感驕傲。如果沒有他，我相信許多大聯盟球團都很猶豫要不要簽下日本選手。」——拉索達

・「如果沒有野茂的成功，時代就不會進步，他是真正的『先驅者』。」——福島良一

・「日本選手最大的弱點就是他們沒有種——除了野茂以外。野茂不但有種，他還有一顆獅子心。」——大聯盟球團高層

・「他改變了一切。如果沒有他，我懷疑現在是否有任何日本人選手能在美國打球。」——懷廷

野茂不只是帶動日職選手挑戰大聯盟風潮的「造浪者」，也激勵不同領域以及日本以外

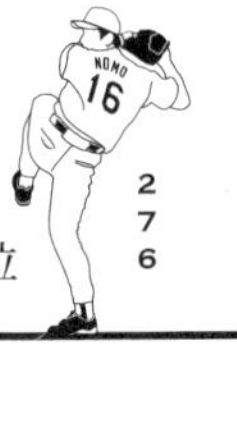

的運動員勇於追夢。NBA第一位出身日本的球員田臥勇太就說：「我覺得自己就像野茂英雄……我一直希望自己能和他一樣，而我做到了。」

第一位在大聯盟出賽的台灣選手陳金鋒，自承是追隨野茂的影子挑戰大聯盟，「他不喜歡講話，我也不太喜歡講話，都是用行動來說話，去做想要做的事情。」

「日本的傑基・羅賓森」與美國棒球名人堂

二〇一四年一月，也就是野茂從大聯盟退役的五年後，有兩則與野茂及名人堂有關的新聞。首先是一月八日，野茂成為第一位美國棒球名人堂的日本籍候選人，但他最終只拿下六票、得票率一・一%，遠低於規定的五%門檻，不僅無緣入選名人堂，更喪失日後「美國棒球作家協會」（Baseball Writers' Association of America，BBWAA）的票選資格。

另一個消息則是一月十七日，野茂與秋山幸二、佐佐木主浩同時入選日本野球殿堂，他成為有史以來最年輕的入選者。

這兩則新聞並沒有引發太多爭議與討論。身為日職挑戰大聯盟的「先驅者」，野茂在日本的歷史地位毋庸置疑；但二十六歲才在大聯盟初登板，又面臨受傷與不穩定等困擾，他在大聯盟的生涯數據距離美國棒球名人堂有一段非常遙遠的距離。

野茂是大聯盟最具宰制力的投手嗎？曾經是也絕對是，只是這段期間並不長。他在十二年大聯盟生涯效力過七支不同球隊，一九九五至二〇〇三年這段最活躍的期間，他單季平均剛好兩百次三振，同期間只有四名投手——蘭迪・強森、派卓・馬丁尼茲、席林、克萊門斯——三振次數比他多；每九局平均九・〇七次三振、被打七・六八支安打，在同期間至少一千局的投手當中排名第四，而他也是這段期間唯一投出過兩場「無安打比賽」的投手。

野茂證明自己在巔峰時期是大聯盟最好的投手之一，但就如瓦倫泰所言：「野茂在大聯盟留下許多神奇的紀錄，他打開亞洲選手挑戰大聯盟的大門，卻拿不到名人堂選票。」「如果他在大聯盟能多投三個優異的球季，應該就能進入名人堂。」

確實是如此。野茂大聯盟生涯只有一百二十三勝，標準化防禦率（ＥＲＡ＋）僅有九十七，甚至還不到聯盟平均值。有媒體就開玩笑說，就算大聯盟承認日職的紀錄，但野茂美日通算的數據還是不夠格入選名人堂。

而且這樣的標準對野茂不是特例，舉個例子，一九八〇年代在道奇名噪一時的墨西哥強投瓦倫祖拉，他帶來的「費南度狂熱」（Fernandomania）並不亞於後來的「野茂狂熱」，大聯盟生涯一七三勝一五三敗、標準化防禦率（ＥＲＡ＋）一〇四也優於野茂，但同樣無緣名人堂。

很顯然，野茂在數據面完全無法得到投票者的青睞，而「美國棒球作家協會」票選制度的難度之高，確實也成為許多棒球人入選名人堂的最大障礙。一項截至二〇一〇年的統計結果

發現，在二九二位名人堂成員（包含球員、教練、管理階層等）當中，一九二〇年代以來的大聯盟選手大約只有百分之一的機率能入選，而這當中竟然僅有百分之四十一是透過「美國棒球作家協會」年度票選而進入名人堂，其餘多達百分之五十九必須靠「資深委員會」（Veterans Committee）推薦。

野茂當然有可能藉由「資深委員會」推薦進入古柏鎮，但問題是，他的機會有多大？

支持野茂的媒體和專家曾經舉過兩個例子。一是傑基．羅賓森，他在大聯盟只打了十個球季，打擊率三成一一、一三七支全壘打、七三四分打點，數據面同樣不夠格，但他打破了長期的種族藩籬。已故傳奇教頭拉索達將野茂比喻為「日本的傑基．羅賓森」，因為有他衝撞口職體制，打破資方近乎完全控制的障礙，才有後來日職球星渡海挑戰的浪潮。但別忘了：

．傑基．羅賓森當年所受到的不平等待遇與羞辱，遠非野茂所能比擬。

．野茂打破的是日本球員的旅外障礙，他的貢獻主要是對日本而非美國棒球界。

對於「棒球國際化」，野茂確實功不可沒，可惜的是他的貢獻對日本居多，而非美國，況且我們談的是美國「國家級」的棒球名人堂（National Baseball Hall of Fame in Cooperstown, N.Y.），而非「國際」名人堂。

在永久喪失「美國棒球作家協會」票選資格之後，「資深委員會」成為野茂進入美國棒球名人堂的唯一途徑。至於該怎麼看待野茂進入名人堂的機會？端看大聯盟對於「先驅者」的貢獻如何認定。

「先驅者」是名人堂「資深委員會」票選對象之一，而一九九六年一份名人堂公關部門主管的回信就肯定野茂「先驅者」的歷史定位，「『先驅者』被認定必須能帶動風潮，如果野茂不適格，那我不認為任何人有此資格。」

野茂在大聯盟的生涯紀錄或許不再是重點，因為他對美國棒球的最大貢獻在於「棒球國際化」與「引領日本選手挑戰大聯盟」，前者推升大聯盟國際知名度及海外收入，後者則改變了大聯盟比賽的風貌。過去「美國棒球作家協會」投票者過分高估數據的重要性（《運動新聞》將野茂選為大聯盟史上最重要的四十名人物，但投票者顯然不考慮），部分投票者的偏見屢屢受到批判（二〇一三年有投票者投給野茂，卻不投給麥達克斯），這些都是制度上的不完美。未來「資深委員會」能不能補足這個缺憾，更客觀地評斷野茂的歷史定位？值得觀察。

因為野茂，棒球變得不一樣

從大聯盟引退超過十五年的野茂，至今仍從事棒球相關工作，他持續擔任「ＮＯＭＯ野球俱樂部」的代表理事，二〇一六年二月起獲聘為聖地牙哥教士球團顧問，還利用返日期間受邀擔任日職轉播球評；除此之外，愛喝咖啡的野茂特別喜歡美國奧瑞岡州波特蘭當地一家咖啡烘焙廠的咖啡豆，為了讓更多日本人喝到這種咖啡，他創立「ＮＯＭＯ」品牌的咖啡豆，並從美

國引進日本。

猜猜看，退休後的野茂最想做什麼？你絕對猜不到，他竟然渴望重回球場！他在二〇二〇年受訪時這麼說：

「無論如何，我只想重回大聯盟投手丘。這種渴望是如此強烈，以致我完全不覺得擔心。」

「如果我回復原本的體態，我想重新成為現役選手。」

很難想像吧！但這就是典型的野茂，總是與夢想直球對決。正是這種熱愛棒球的心情，以及明知不可為而為之的勇氣，才能造就野茂的「先驅者」精神。

曾經有人說，人真正的死亡，不是他嚥下最後一口氣，而是當他被世人遺忘的時候。野茂永久改變世界棒球的歷史與樣貌，他的「先驅者」精神，將永遠活在每個勇於挑戰者的心底。

二〇二二年六月十五日天使作客道奇的比賽，道奇球場舉辦「日本文化遺產之夜」（Japanese Heritage Night），慶祝棒球從美國傳入日本一百五十週年。以《末代武士》等電影活躍於好萊塢的日本男星渡邊謙應邀為這場比賽開球，擔任捕手的則是出生於沖繩、母親為日本人的道奇總教練羅伯茲（Dave Roberts）。

渡邊戴了一頂有野茂「龍捲風」身形剪影的棒球帽，穿著球衣背號十六號、白底藍字的道奇主場球衣亮相，場邊展示當年野茂穿過的釘鞋等球具，向這位「先驅者」致敬。

不論是渡邊謙的棒球帽及道奇十六號球衣，或是大谷翔平在日本武士隊的球衣背號十六號，野茂的「先驅者」精神無所不在。至於入選美國棒球名人堂與否，答案早已雲淡風輕。

二〇〇四年十二月，漫畫《灌籃高手》作者井上雄彥在神奈川縣一所廢棄高中校舍的二十三間教室黑板上，耗時三天構思、繪製名為《十日後》的續篇。有一幕是男主角櫻木花道的復健醫師對他說的一段話：「你知道嗎？櫻木君，NBA第一位日本球員誕生了。雖然大多數人都認為不可能，但這只是他們不願意挑戰的藉口罷了。」

野茂英雄挑戰大聯盟迄今已過了四分之一個世紀。《洛杉磯時報》的這句話，正是他野球人生最深刻的註腳：「因為野茂，棒球變得不一樣了，不論在美國或日本都是如此。」

附錄

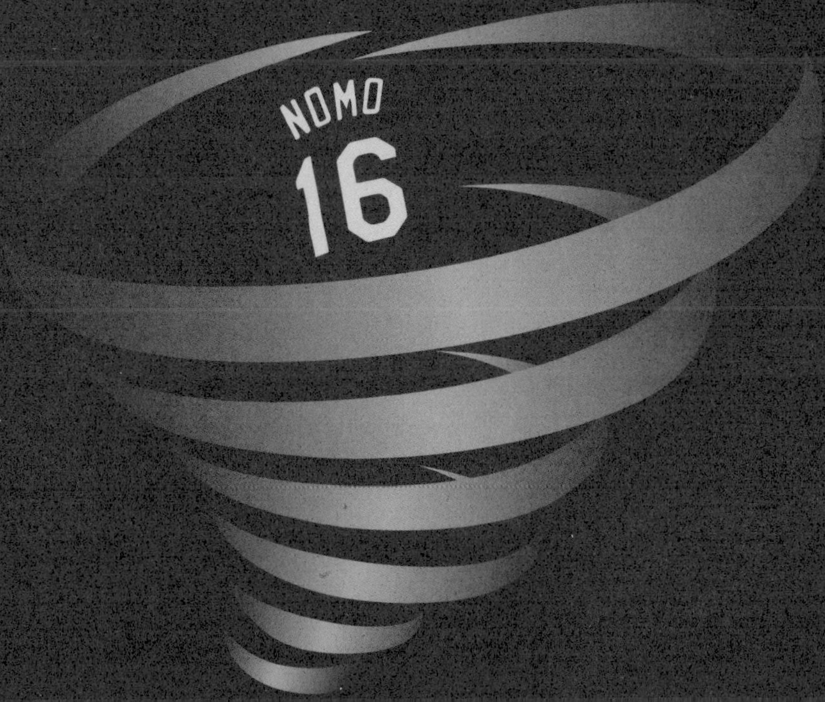

野茂英雄：大事年表

- 1968年：8月31日出生於大阪府大阪市港區。
- 1975年：就讀大阪市立池島小學校。
- 1981年：就讀大阪市立港中學校。
- 1984年：就讀大阪府立成城工業高等學校。
- 1985年：7月19日，在全國高等學校野球選手權（夏季甲子園）大阪大會第二輪對大阪府立生野高等學校投出「完全比賽」。
- 1987年：高中畢業，加入新日本製鐵堺硬式野球部。
- 1988年：入選第30屆世界盃棒球錦標賽日本代表隊；入選漢城奧運會日本代表隊，獲得銀牌。
- 1989年：入選第9屆洲際盃棒球錦標賽日本代表隊，獲得第2名；入選第15屆亞洲棒球錦標賽日本代表隊，與台灣、韓國並列冠軍；11月26日日職選秀會，獲得羅德、大洋、日本火腿、阪神、大榮、養樂多、歐力士、近鐵8隊第一指名，抽選結果，由近鐵取得交涉權，最終以推定簽約金1億2千萬日圓、推定年薪1千2百萬日圓加盟大阪近鐵猛牛隊。
- 1990年：4月10日，對西武獅隊完成職棒初登板；4月29日，對歐力士勇士隊投出追平日職紀錄的單場17次三振，以完投摘下職棒首勝；當年度勇奪太平洋聯盟勝投（18）、三振（287）、防禦率（2.91）、最高勝率（.692）「投手四冠王」，另獲選年度新人王、MVP、澤村

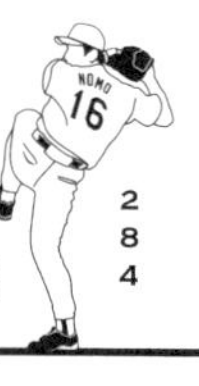

賞、最佳九人；此外，單季21場「兩位數三振」、連續5場比賽「兩位數三振」、每9局三振10.99次，都刷新聯盟紀錄。

- 1991年：連續6場比賽「兩位數三振」，刷新聯盟紀錄；明星賽首戰投出連續6次三振，刷新明星賽紀錄；當年度戰績17勝11敗、防禦率3.05、287次三振，蟬聯洋聯勝投王及三振王；與紀久子結婚。
- 1992年：當年度戰績18勝8敗、防禦率2.66、228次三振，連續3年洋聯勝投王及三振王。
- 1993年：當年度戰績17勝12敗、防禦率3.70、276次三振，成為日職史上第一位「自新人年起連續4年拿下聯盟勝投王及三振王」的投手。
- 1994年：7月1日，對西武隊單場投出16次四壞球，刷新日職紀錄；下半季受肩傷困擾，全年度只拿下8勝7敗、防禦率3.63、126次三振；球季結束後要求複數年契約及經紀人制度，遭近鐵球團拒絕，最後以「任意引退」方式離隊。
- 1995年：2月13日，正式加盟大聯盟洛杉磯道奇隊，簽約金200萬美元、年薪10萬美元，球衣背號16號，但因當時大聯盟罷工，僅簽下小聯盟合約；5月2日，大聯盟初登板，客場對舊金山巨人隊擔任先發投手；6月2日，主場對紐約大都會隊，拿下大聯盟首勝；6月14日，對匹茲堡海盜隊投出單場16次三振，締造隊史新人紀錄；6月24日，對巨人隊投出日本人投手在大聯盟的首場完封勝；7月11日，擔任明星賽國聯明星隊先發投手，是大聯盟史上第1位入選明星賽、第一位擔任明星賽先發投手的亞洲選手；當年度戰績13勝6敗，防禦率2.54僅次於麥達克斯高居國聯第2，236次三振、3場完封均為國聯之冠，獲選國聯年度新人王，賽揚獎票選第4名。

- 1996年：2月22日，與道奇隊簽下3年430萬美元延長合約；4月13日，對佛羅里達馬林魚隊投出個人生涯最多的單場17次三振，隊史高居第2；7月5日，對科羅拉多洛磯隊達成美日通算第100勝；9月17日，在庫爾斯球場對洛磯隊投出「無安打比賽」；當年度戰績16勝11敗，防禦率3.19，234次三振，是全隊勝投王及三振王，三振數排名國聯第2名，連續第二年在國聯賽揚獎票選第4名。
- 1997年：4月25日，對馬林魚隊投出大聯盟生涯第500次三振，締造大聯盟史上先發投手最快（444.2局）紀錄；8月28日，對奧克蘭運動家隊投出單季第200次三振，自新人年起連續3年單季至少200次三振，是大聯盟史上第2人（另一位為「K博士」古登）；當年度戰績14勝12敗、防禦率4.25、233次三振，是全隊勝投王（與朴贊浩並列）及三振王，三振數排名國聯第4名；球季結束後右手肘開刀，移除游離軟骨。
- 1998年：4月3日，對辛辛那提紅人隊投出大聯盟生涯最多的連續7次三振；4月28日，大聯盟生涯第100場出賽，對密爾瓦基釀酒人隊打出日本人在大聯盟史上的第1支全壘打；6月4日，被交易到大都會隊；當年度戰績僅6勝12敗，防禦率4.92。
- 1999年：4月1日，在被大都會隊釋出後，與芝加哥小熊隊簽下小聯盟合約；4月29日，在被小熊隊釋出後，與釀酒人隊簽下一年25萬美元合約；9月8日，大聯盟生涯第147場出賽，對亞利桑納響尾蛇隊投出第1,000次三振，史上第3快，僅次於克萊門斯及古登；當年度在釀酒人隊拿下12勝8敗、防禦率4.54、161次三振，是全隊勝投王及三振王。

- 2000年：1月21日，與底特律老虎隊簽下1年125萬美元外加激勵獎金的合約；4月3日，擔任開幕戰對運動家隊的先發投手，是大聯盟史上第1位日本人開幕戰先發投手，以7局失3分拿下勝投；當年度在老虎戰績8勝12敗、防禦率4.74，181次三振則為全隊三振王；11月2日，遭老虎釋出；12月15日，與波士頓紅襪隊簽下1年年薪325萬美元外加激勵獎金的合約。
- 2001年：4月4日，加盟紅襪後的初登板，就對巴爾的摩金鶯隊投出生涯第2場「無安打比賽」；6月16日，對亞特蘭大勇士隊達成日美通算2,500次三振里程碑；當年度戰績13勝10敗、防禦率4.50、220次三振，榮膺美聯三振王；12月21日，與道奇隊簽下2年1,375萬美元合約，重返老東家。
- 2002年：開季前一個半月僅2勝5敗，5月17日之後則拿下14勝1敗；總計當年度戰績16勝6敗、防禦率3.39、193次三振，榮膺全隊勝投王及三振王。
- 2003年：大聯盟生涯第2度擔任開幕戰先發投手，3月31日對響尾蛇隊（先發投手為蘭迪．強森）投出完封勝；4月20日，對巨人隊達成大聯盟通算100勝；總計當年度戰績16勝13敗、防禦率3.09、177次三振，榮膺全隊勝投王，勝場數及三振數分居國聯第5、6名；10月進行肩膀內視鏡手術，其後球團執行900萬美元的選擇權續留一年。
- 2004年：4月5日，連續第2年擔任開幕戰先發投手，先發5局責失7分吞敗；受肩傷困擾，兩度列入傷兵名單，4月27日至9月1日苦吞生涯最長的10連敗；當年度戰績4勝11敗、防禦率8.25、54次三振，11月1日成為自由球員。

- 2005年：1月27日，加盟坦帕灣魔鬼魚隊；6月15日，對釀酒人隊達成日美通算200勝；7月29日，被魔鬼魚隊釋出後加盟紐約洋基隊；當年度戰績5勝8敗、防禦率7.24、59次三振，10月15日成為自由球員。
- 2006年：3月6日，與芝加哥白襪隊簽下小聯盟合約；4月17日，因右手肘發炎被列入傷兵名單；6月7日，遭白襪隊釋出，同月下旬進行右手肘手術。
- 2007年：10月20日，委內瑞拉冬季聯盟初登板，睽違一年半再度於正式比賽投球。
- 2008年：1月9日，加盟堪薩斯皇家隊；4月10日，對洋基隊中繼登板，距離上次（2005年7月15日）在大聯盟出賽剛好相隔1,000天；4月25日，遭皇家隊釋出；7月17日，向日本《共同通信社》告知退休的決定。
- 2009年：3月10日，同意加入「日本職業野球名球會」。
- 2014年：1月8日，美國棒球名人堂票選僅得6票，喪失票選資格；1月17日，與秋山幸二、佐佐木主浩以競技者表彰身分，同時入選日本野球殿堂。
- 2015年：1月17日，與朴贊浩共同獲頒「棒球先驅者」（Pioneers of Baseball）獎，表彰他們對大聯盟國際化的貢獻。
- 2016年：自2月起擔任聖地牙哥教士球團顧問；11月，獲選為美國《運動新聞》「大聯盟史上最重要的40名人物」第37名，而且是唯一入選的日本人。

野茂英雄：重要獎項

日本職棒時期

- 洋聯最多勝：1990-1993年（4次）
- 洋聯最多三振：1990-1993年（4次）
- 洋聯最佳防禦率：1990年
- 洋聯最高勝率：1990年
- 洋聯年度MVP：1990年
- 澤村賞：1990年
- 洋聯新人王：1990年
- 洋聯最佳九人：1990年（投手）
- 洋聯單月MVP：1990年6月；1992年8月（2次）
- 日本職業運動大賞：1990年
- 報知職業運動大賞：1990年
- Sports Graphic Number MVP賞：1990年
- 產經新聞MVP大賞：1990年

美國職棒大聯盟時期

- 最多三振：1995（國聯）、2001年（美聯）（2次）
- 國聯新人王：1995年
- 國聯單月MVP：1995年6月；1996年9月（2次）

➤ Topps新人全明星隊：1995年（右投手）

➤ 棒球文摘（Baseball Digest）新人全明星隊：1995年（先發投手）

➤ 新語・流行語大賞「年間大賞」：1995年（得獎語為「NOMO」）

➤ 朝日運動賞：2005年

退休後

➤ 日本野球殿堂競技者表彰：2014年

➤ 美國職業棒球球探基金會「棒球先驅者獎」：2015年

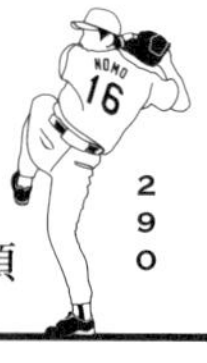

野茂英雄：重要紀錄

日本職棒時期

- 投手三冠王：1990年（史上第15人）
- 投手四冠王：1990年（史上第9人）
- 生涯單場兩位數三振：70場（洋聯紀錄）
- 單季單場兩位數三振：1990年21場（日職紀錄）
- 新人球季最多三振：1990年287次（洋聯紀錄）
- 連續6場兩位數三振：1991年4月7日至5月9日（日職史上第2位）
- 單場17次三振：1990年4月29日（日職史上第3位）
- 單季22場完投：1991年（平成時代最多）
- 單季148次四壞球：1993年（洋聯紀錄）
- 單場16次四壞球：1994年7月1日（日職紀錄）
- 連續5次四壞球：1992年7月10日（日職紀錄）
- 洋聯單季最多完封：1991、1992年（2次）
- 入選明星賽：1990至1994年（5次）
- 開幕戰先發投手：1993、1994年（2次）

美國職棒大聯盟時期

- 無安打無失分比賽：1996年9月17日（史上第1位亞洲及日本人投手）；2001年4月4日（史上第4位兩聯盟均達成者）
- 國聯最多完封：1995年
- 入選明星賽：1995年（先發投手）
- 開幕戰先發投手：2000、2003、2004年（3次）

完投	完封	救援成功	局數	打者	被安打	被全壘打	四壞	三振	失分	責失分	WHIP
21	2	0	**235.0**	**975**	167	18	**109**	**287**	87	76	1.17
22	**4**	1	**242.1**	**1024**	183	21	**128**	**287**	92	82	1.28
17	**5**	0	**216.2**	**900**	150	13	**117**	**228**	73	64	1.23
14	2	0	**243.1**	**1064**	**201**	22	**148**	**276**	**106**	**100**	1.43
6	0	0	114.0	512	96	9	86	126	55	46	1.6
4	**3**	0	191.1	780	124	14	78	**236**	63	54	1.06
3	2	0	228.1	932	180	23	85	234	93	81	1.16
1	0	0	207.1	904	193	23	92	233	104	98	1.38
2	0	0	67.2	295	57	8	38	73	39	38	1.40
1	0	0	89.2	392	73	11	56	94	49	48	1.44
3	0	0	157.1	687	130	19	94	167	88	86	1.42
0	0	0	176.1	767	173	27	78	161	96	89	1.42
1	0	0	190.0	828	191	31	89	181	102	100	1.47
2	2	0	198.0	849	171	26	**96**	**220**	105	99	1.35
0	0	0	220.1	926	189	26	101	193	92	83	1.32
2	2	0	218.1	897	175	24	98	177	82	75	1.25
0	0	0	84.0	393	105	19	42	54	77	77	1.75
0	0	0	100.2	472	127	16	51	59	82	81	1.77
0	0	0	4.1	27	10	3	4	3	9	9	3.23
80	13	1	1051.1	4475	797	83	588	1204	413	368	1.32
16	9	0	1976.1	8462	1768	251	908	1918	993	932	1.35

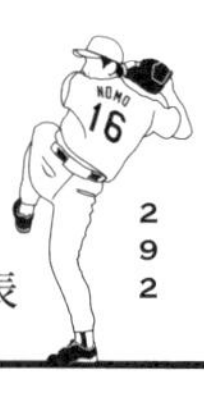

野茂英雄：美日職棒數據一覽表

年度	年齡	聯盟	球隊	背號	勝場	敗場	勝率	防禦率	場次	先發
1990	21	日職	近鐵	11	**18**	8	**0.692**	**2.91**	29	27
1991	22		近鐵		**17**	11	0.607	3.05	31	**29**
1992	23		近鐵		**18**	8	0.692	2.66	30	**29**
1993	24		近鐵		**17**	12	0.586	3.7	32	**32**
1994	25		近鐵		8	7	0.533	3.63	17	17
1995	26	大聯盟	道奇	16	13	6	0.684	2.54	28	28
1996	27		道奇		16	11	0.593	3.19	33	33
1997	28		道奇		14	12	0.538	4.25	33	33
			道奇		2	7	0.222	5.05	12	12
1998	29		大都會		4	5	0.444	4.82	17	16
			合計		6	12	0.333	4.92	29	28
1999	30		釀酒人	11	12	8	0.600	4.54	28	28
2000	31		老虎	23	8	12	0.400	4.74	32	31
2001	32		紅襪	11	13	10	0.565	4.50	33	33
2002	33		道奇	10	16	6	0.727	3.39	34	34
2003	34		道奇		16	13	0.552	3.09	33	33
2004	35		道奇		4	11	0.267	8.25	18	18
2005	36		魔鬼魚	11	5	8	0.385	7.24	19	19
2008	39		皇家	91	0	0	----	18.69	3	0
日本職棒（5年）					78	46	0.629	3.15	139	134
大聯盟（12年）					123	109	0.530	4.24	323	318

參考書目

中文

·《野茂英雄傳》，Herb Fagen著、梁文華譯（1996）。臺北市：中華職棒出版。

·《野茂英雄：渡海挑戰的強投》，黃承富（1996）。臺北市：麥田。

·《野球場就是戰場！：美國陰影下的日本職棒發展 1934-1949》，劉建偉（2020）。臺北市：秀威資訊。

日文

·《野茂英雄》，Robert Whiting著、松井みどり譯（2011）。東京都，日本：PHP研究所。

·《現役力》，工藤公康（2009）。東京都，日本：PHP研究所。

·《近鉄魂とはなんだったのか？最後の選手会長・礒部公一と探る（集英社ノンフィクション））》，元永知宏（2019）。東京都，日本：集英社。

·《野茂英雄から20年＋ メジャー記者の取材ノート 》，水次祥子（2016）。東京都，日本：BCCKS。

·《プロ野球英雄伝説》，戸部良也（2019）。東京都，日本：講談社。

·《野茂英雄　凱旋マウンド　36球の軌跡》，島村雅彦（1996）。東

京都，日本：日勤スポーツ新聞社。

・《プロ野球 平成名勝負》，篠山正幸（2019）。東京都，日本：日本經濟新聞出版社。

英文

・*Baseball Samurais*. Rob Rains（2011）. New York City, United States: St. Martin's Press.

・*The Samurai Way of Baseball: The Impact of Ichiro and the New Wave from Japan*. Robert Whiting（2005）. New York City, United States: Grand Central Publishing.

（網路資源包括自由時報電子報、聯合新聞網、NOWnews、Sports Graphic Number、Wikipedia、MLB、Baseball-reference等網站之網頁、網路新聞及文章。鑑於篇數達千篇以上，爰不一一列示，敬祈見諒。）

belle vue 42

一球入魂龍捲風，野茂英雄

日本野球挑戰大聯盟的先驅者

作　　者　張尤金
執 行 長　陳蕙慧
總 編 輯　曹　慧
主　　編　曹　慧
美術設計　比比司設計工作室
內頁排版　思　思
行銷企畫　陳雅雯、林芳如
出　　版　奇光出版／遠足文化事業股份有限公司
E-mail: lumieres@bookrep.com.tw
粉絲團：https://www.facebook.com/lumierespublishing
發　　行　遠足文化事業股份有限公司（讀書共和國出版集團）
http://www.bookrep.com.tw
23141新北市新店區民權路108-2號9樓
電話：(02) 22181417
郵撥帳號：19504465 戶名：遠足文化事業股份有限公司
法律顧問　華洋法律事務所 蘇文生律師
印　　製　呈靖彩藝有限公司
初版一刷　2023年8月
定　　價　450元
I S B N　978-626-7221-29-7　書號：1LBT0042
978-626-7221303（EPUB）
978-626-72213100（PDF）

國家圖書館出版品預行編目資料

一球入魂龍捲風,野茂英雄：日本野球挑戰大聯盟的先驅者 / 張尤金著. -- 初版. -- 新北市：奇光出版, 遠足文化事業股份有限公司, 2023.08
面；　公分

ISBN 978-626-7221-29-7（平裝）

1. CST: 野茂英雄　2. CST: 職業棒球　3. CST: 運動員
4. CST: 傳記　5. CST: 日本

783.18　　112008668

線上讀者回函

Hideo Nomo *Japanese MLB Pioneer*

Japanese MLB Pioneer **Hideo Nomo**

Dodgers
16

Japanese MLB Pioneer **Hideo Nomo**